中国制造
新时代进化论

解码中国
新时代
CHINA'S
PORTRAIT

改革发展
REFORM AND
DEVELOPMENT

新时代进化论

刘永钢　李智刚　总策划

孙　扶　郑景昕　主　编

外文出版社
FOREIGN LANGUAGES PRESS

前　言

制造业，与我们每一个人都息息相关，小到绣花针，大到航空母舰；它既是民生事业，也是强国之基。发展制造业，就是一个科技不断创新、国力不断累积的进化过程。

改革开放 40 多年来，中国制造业抓住了全球化机遇，人口红利等比较优势得以发挥，中国制造爆发出了极其旺盛的生命力。中国也由此长期成为全球经济增长最快的经济体。

最近十年来，中国制造业增加值又翻了近一番，占全球比重从 22.5% 进一步提高到约 30%，持续保持世界第一制造大国地位。

这十年也是"中国制造"向"中国创造"加速迈进的十年。传统制造生产升级，工厂装上了"大脑"，数据成为了生产资料，新兴制造技术不断革新，"大且强""小而精"的企业不断涌现。

面对百年未有之大变局，中国制造亦面临新的机遇和挑战。

全球产业链正在重构并有碎片化的风险，这也要求中国制造进化出新的比较优势。

"制造业的核心就是创新，就是掌握关键核心技术，必须靠自力更生奋斗，靠自主创新争取，希望所有企业都朝着这个方向去奋斗。"2018年10月22日，习近平总书记考察横琴新区时这样说道。

春江水暖鸭先知，有使命感的中国制造业企业已在路上。一批批具有企业家精神的创业者们也将继续加入。与此同时，政府也将扮演好其公共品供给的角色。

实践表明，企业与城市存在某种共同进化的关系。众多城市因为制造业的发展而兴起，这些城市也成为观察制造进化之路的绝好视角。本书选取的城市包括深圳、东莞、佛山、武汉、合肥、宁波、台州、无锡、南通、昆山，以这些典型的城市为视角，围绕传统产业、特色产业、新兴产业中的代表性企业进行深度挖掘，记录新时代中国制造业的成就及进化路径。

目 录

深圳 东莞 佛山 武汉 合肥

宁波

 台州

 无锡

 南通

 昆山

深圳"工业第一城"如何腾笼换鸟

深圳科技园

深圳，作为改革开放的标志性城市，从成长之初起，就以制造业强市创造了从小渔村到国际性大都市的奇迹。

用 40 年左右的时间诠释一座城市发展奇迹的深圳在焕发更大的张力，刻在这座城市的工业尤其是制造业"基因"被赋予更大期待，如今的深圳又一次喊出"工业立市、制造强市"的口号。

这不是空的口号，截至 2021 年，深圳规模以上工业总产值连续 3 年居全国城市首位，其工业第一支柱产业——电子信息制造业，占全市规模以上工业增加值近六成，产业规模约占全国五分之一。

一些企业已经嗅出机遇。落户深圳的联想南方智能制造基地已于 2022 年开始投产，未来将把广东以及国内部分地区的制造业进行全面整合升级；2021 年，中国电子集团总部正式迁驻深圳，深度融入大湾区的建设发展……数据显示，2021 年，深圳新增规模以上工业企业 1769 家。

从建设中国大陆第一个科技园区、第一个对外开放的工业园区到成为"中国工业第一城",深圳如何与制造业互相成就?近十多年的产业转型给深圳带来了什么?未来,深圳将如何续写"神话"?

从依托"三来一补",到锚定高新技术产业

深圳的发展史就是一个制造业从"小而散"到门类齐全、传统到先进的进化样本。

1979年3月,国务院批复同意将宝安县改为深圳市,1980年8月26日,深圳经济特区正式诞生。

创建伊始,深圳凭借特区政策优惠,借助香港的资金和产业转移,与后者形成"前店后厂"模式,依托"三来一补"(来料加工、来件装配、来样加工和补偿贸易)为主的劳动密集型轻工业的发展,深圳从农业经济走向工业化和贸易化。彼时,"华强北打一个喷嚏,可以让全国电子产品市场感冒"。

到了上世纪90年代,面对产业结构低端、模式单一且能耗大,发展开始变缓,深圳主动求变,放弃路径依赖,提出"以高新技术企业为先导、先进工业为基础、第三产业为支柱"的产业政策,此后,以电子和计算机为龙头的高科技企业及配套产业集群在这座城市迅速发展起来。

敢为人先的深圳创造了很多"第一",工业上也不例外,上世纪70年代末,招商局在深圳创办蛇口工业区,这是中国第一个对外开放的工业园区;1985年,由深圳市政府和中国科学院共同创办的深圳科技工业园,是中国大陆第一个科技园区……

深圳逐渐在全国城市中崭露头角。1990 年，深圳 GDP 攀升至全国第 15 位；1991 年，跻身全国前十；再后来，一线城市里开始出现"深圳"，"北上广深"被人们谈起。

　　高新技术产业本身不断迭代，深圳的产业结构布局也没有停下转型升级的脚步。2010 年出台的《深圳市城市总体规划（2010—2020）》明确城市产业结构"以电子信息产业为主导"，要求"逐步置换低端产业，为高端产业释放空间"，并强调了高新技术的重要性——"用高新技术提升先进制造业和装备制造业，用高新技术改造传统优势产业，强化高新技术产业集群的培育，推动产业升级"。

大疆创新公司的航拍无人机

与此同时，在国家推进产业转移升级的大背景下，深圳结合自身发展需求，开启了漫长的产业迁移之路。

产业转移，提高竞争力

"引导一些发展技术比较弱、低附加值的产业有序迁移，引进一些电子信息的高端企业、研发企业，还有一部分'存量'企业引导他们进行转型升级，这三条路径深圳同步在推进。"中国（深圳）综合开发研究院区域发展规划研究所所长刘祥这样形容近年来深圳制造业的变迁。

迁移分为深圳市内迁移和市外迁移，刘祥表示，市外迁移的产业有的对空间需求比较大，而受到土地制约，企业想在深圳扩产比较难，就被迫外迁，也有一些企业生产的产品相对附加值较低，利润不足以支持在深圳的高成本，也选择外迁。

"外迁形式分为几类。"刘祥说，一是整体搬迁，这种多是相对比较落后的产业，二是部分搬迁，把一些研发环节仍留在深圳，"这是比较主流的方式"。三是基于扩产的需求，在其他地方另设新厂扩产投资，深圳则继续保留原有产能或做适当减产。

"地理上，企业外迁首选广东省内，也会去省外，但基本都会考虑保持与深圳的内在联系。"中山大学先进制造学院副院长吴嘉宁表示。

吴嘉宁指出，产业转移是产业转型升级的必然结果，在全世界范围内都存在。刘祥则强调，深圳的产业转移是"循序渐进"的，"有序引导部分企业和部分环节外迁，当有些产业不再适合深圳的产业结构，外迁之后相当于释放了一部分产业空间，深圳把这些产业空间回收，通过更新改造，来吸引更有竞争力的产业。从这点来说，其实提高了深圳的产业竞争力"。

一些研究也证明了这点。深圳赛迪方略咨询顾问有限公司编制的《深圳市制造业迁移全景报告》指出，一方面，企业迁移助推了深圳市内传统工业大区产业结构升级，比如，南山区已成为科产教深度融合的高新技术产业集聚区，形成数字软件、通信、创意设计等支柱产业。宝安区产业由生产制造逐步转向"创新＋制造"，激光、机器人、新一代信息技术等产业逐渐构成经济新增长点。另一方面，企业迁移减轻了部分城区土地、环境压力。

与此同时，在吸收外溢产能的基础上，深圳一些"新区"制造业基础得到强化。比如，2010—2018 年，累计迁入大鹏新区的制造业企业数量占 2018 年大鹏新区制造业法人单位数近 6 成。"新区"工业也得以快速发展，如坪山区 2015—2022 年工业增加值增速平均水平达 10.4%，高于全市平均水平 3.3 个百分点。

从区域来看，吴嘉宁认为，制造业转移让区域内不同地方的功能更明确，促成集群最优化，"每个地方做一块，通过现有的政策和产业布局去实现高效的流通和沟通，进而提升整个制造水平"。

先进制造业"走进来"

与"转出去"相对应，近年来，一些企业正在"走进来"。

联想正是如此，虽然已扎根深圳 30 余年，但其在深圳的制造业布局还在继续。已经开始投产、总投资超过 20 亿元、占地 5.9 万平方米的南方智能制

深圳燕罗湿地公园

造基地便是其一，其主要产品除个人电脑、服务器等联想传统业务，还将承载孵化各类智能产品，如智能模块、智能终端、智能穿戴设备、智能家电等新兴业务。值得注意的是，该基地的生产线自动化率达 60%。联想曾表示，南方智能制造基地将作为联想"数字化制造"和"全球化 4.0"的典范。

另一家行业巨头的迁入也引起关注。2021 年，中国电子集团总部迁驻深圳，围绕企业转型升级、产业格局变化的讨论常见诸报端。深圳市政府官方公众号撰文指出，中国电子到来的意义，绝不仅仅是给深圳增加了一家世界 500 强，而是实力骨干央企与信息产业重镇要强强联手，为国家创造更大价值。

其实，早在 2018 年两会期间，时任中国电子党组书记、董事长芮晓武就曾表示，中国电子当时已经在重组，将把旗下 90% 资产等划到深圳组建的平台公司，一个重大的任务就是发展智能制造。

发展智能制造是许多在深圳谋划新布局企业的发展重点之一。2022年11月，"世界500强"魏桥创业集团在宝安中心区举行深圳总部项目奠基仪式。据介绍，深圳总部项目将重点聚焦智能网联汽车、数字创意与现代时尚产业、智能终端与智能传感器、新能源与新材料等领域布局相关产业，计划在未来几年内打造千亿产值、百亿税收、带动万人就业的产业体系。

"迁入深圳的企业，首先定位上多是高端制造业、智能制造业，而且是智能制造业中的新兴产业、潜能产业，这种转移表面上看是高端制造业替代了原来相对落后的制造业，但实际上是新型的高端制造产业在深圳的布局。"吴嘉宁说。另一方面，迁到深圳的企业一般规模都比较大，而且这些企业前期已经在相关领域取得一定成就，他强调："但也要看到，这些企业也面临着转型的压力，他们意识到智能制造的重要性，因此需要在自己比较强大的经济实力基础上，寻求一个更合适的地方发展。"

在刘祥看来，迁入深圳的企业一部分是"总部类"，这得益于政府的优惠政策和支持力度，2021年出台的《深圳市鼓励总部企业高质量发展实施办法》明确，在深设立的总部企业，符合一定条件，即可享落户奖、贡献奖、租房与购房补助等多项支持；另一部分是高端研发类，"这些研发的企业是看好深圳的城市营商环境和人才集聚度"。

此外，2022年深圳的《政府工作报告》提出"打造一批灯塔工厂"，也让数字化转型成为深圳制造业企业的关注点。

深圳富士康是先行者之一，2019年，因其自动化程度高、"关灯也能正常运转"，被达沃斯世界经济论坛和麦肯锡咨询公司认定为"灯塔工厂"。

其他制造业企业也在加速推进数字化。全球最大的集装箱制造商中集集团曾公开透露，2017 年开启"数字中集"行动以来，2021 年生产效率提升了125%，生产一个 40 英尺的箱，所需时间由 120 秒缩短至 78 秒；服装企业赢领智尚通过工业互联网，对生产线进行改造，将传统成衣周期从 20—30 天缩短到 7 天，做到女装个性化定制。

不过，刘祥也指出，深圳的制造业数字化转型目前还处于前期发展阶段，一方面，数字化转型的成本比较高，另一方面，相关产学研体系还需要进一步完善。"政府也有出台一些支持办法，鼓励企业进行数字化转型，包括提供一些资金引导企业做这些尝试。"

"头雁"领飞，"众雁"共舞

有迁出、有迁入、有升级，如今的深圳制造业逐步踏入位于价值链顶端的产品设计、技术研发领域，形成龙头企业"头雁"领飞，众多"小巨人"企业"众雁"共舞的局面。

比亚迪新能源汽车一路高歌猛进，市场占用率不断攀升；全球半导体显示龙头之一的 TCL 华星是行业内唯一一家一直保持经营性盈利的企业；工业富联"熄灯工厂"数字化改造提升生产效率、节约人力成本；同时，吉阳智能、创世纪等"小巨人"企业为工业经济注入"活水"。

"政府比较注重产业梯队的发展。"刘祥说，"政府也在提供服务的过程中，考虑不同规模企业的需求，比如大企业可能对土地需求比较大，中小企业的需求可能在融资方面。"

从大企业来看，深圳有多个千亿级龙头企业。2022 年，深圳 10 家企业上

比亚迪汽车总部航拍

榜《财富》世界 500 强，33 家企业上榜《财富》中国 500 强，新晋世界 500
强的比亚迪近年来成绩斐然，2022 年上半年，比亚迪累计销售新能源汽车达
641350 辆，同比增长 314.9%，超过特斯拉成为全球新能源汽车销量第一。

与此同时，深圳也是全国创业密度最大的城市，中小微企业最活跃的城
市，2019 年工信部启动专精特新"小巨人"培育计划，如今深圳拥有国家级
"小巨人"企业 400 多家，范围多集中在制造业。

宏观数据也能一窥深圳产业结构的优化。深圳市工业和信息化局数据
显示，2021 年，深圳战略性新兴产业增加值达 1.2 万亿，占 GDP 比重提升
至 39.6%，先进制造业、高技术制造业占规模以上工业增加值比重分别达
67.6%、63.3%。

（滕晗 文）

深圳手记：

"工业立市"，规划未来

2022 年，深圳的《政府工作报告》首次将制造业单独成章，提出"坚持制造业立市之本，增强现代产业体系竞争力"；2022 年 6 月，"工业经济 30 条"（《关于进一步促进深圳工业经济稳增长提质量若干措施》）、打造"20+8"产业集群等政策规划出台。

值得注意的是，这是继 2005 年之后，深圳再一次喊出"工业立市、制造强市"的口号，以制造业为代表的实体经济重新回到深圳城市发展的首位。

吴嘉宁认为，深圳再次强调制造业，一是因为推动制造业发展符合中国大的产业布局；二是制造业是综合性的行业，需要产业集群支撑、智力团队推动以及政策支持，"这些方面深圳都做得不错，比如深圳在制造业方面的施政能力，从各方面的补贴、奖励，对人才相应的生活和日常保障，做得都比较丰富和完善"；三是近年来第二产业增加值的下降带来了一些问题，需要去改变。

"20+8"产业集群的规划来自《深圳市人民政府关于发展壮大战略性新兴产业集群和培育发展未来产业的意见》（下称《意见》），《意见》明确提出深圳发展以先进制造业为主体的 20 个战略性新兴产业集群，前瞻布局 8 大未来产业。

20 个战略性新兴产业集群包括网络与通信、半导体与集成电路、超高清视频显示等；8 大未来产业则有合成生物、脑科学与类脑智能、量子信息等。

《意见》提到，到 2025 年，战略性新兴产业增加值超过 1.5 万亿元，成为推动经济社会高质量发展的主引擎。培育一批具有产业生态主导力的优质龙头企业，推动一批关键核心技术攻关取得重大突破，打造一批现代化先进制造业园区和世界级"灯塔工厂"，形成一批引领型新兴产业集群，网络与通信、软件与信息服务、智能终端、超高清视频显示、新能源、海洋产业等增加值千亿级产业集群发展优势更加凸显，半导体与集成电路、智能传感器、工业母机等产业短板加快补齐，智能网联汽车、新材料、高端医疗器械、生物医药、数字创意、现代时尚等产业发展水平显著提升，合成生物、区块链等未来产业逐步发展成为新增长点。

"'20'是深圳的主导产业，是制造业的核心发展方向，8 个未来产业是 N 的概念，是我们认为深圳当前具有发展潜力的产业，但它也是开放式命题。"刘祥说。

深圳，这座用数十年完成"小渔村"到大都市转变的城市，从来不乏生机，在新的"工业立市"背景下，一个新的发展脚本正在绘就。

（滕晗 文）

东莞 "世界工厂"如何完成科创转身

航拍广东东莞中心城区

东莞制造，传奇正在继续。

2021 年，东莞 GDP 迈过"万亿大关"，成为全国第 15 个万亿 GDP、千万人口的"双万"城市。而 1978 年，东莞 GDP 为 6.1 亿元，彼时，东莞还是四季飘香的农业县。

从中国第一家"三来一补"企业——太平手袋厂蹒跚起步，"借船出海"实现农村工业化，到"东莞塞车，全球缺货"，东莞白手起家，起步于制造业，扬名于制造业，创造了无数经济奇迹。

近年来，突围国际金融危机后的"世界工厂"东莞，从劳动密集型走向数字化、智能化，历经"腾笼换鸟""机器换人"，聚焦于"科技创新和先进制造"。

东莞经济的传奇，除了"北接广州南邻深圳"的优势地理方位外，还有其他原因吗？作为广东"四小虎"之一的东莞，掀起的千帆竞逐的制造大潮，在近十年，又带来怎样的惊喜？当前复杂的国际环境下，这座城市又如何应对重重挑战？

传统制造，华丽转身

上世纪七八十年代，东莞农村地区以"三来一补"企业为突破口，基本实现了农村工业化。1985 年工业产值首次超过农业产值，城市化率达到 21%，并设立县级市。

1988 年东莞升格为地级市。1994 年的东莞，提出了"第二次工业革命"的发展战略，以 IT 产业为代表的现代制造业和高新技术产业迅猛发展，民营经济在与外资企业的协作配套中逐步成长，形成了以加工贸易为主的工业体系。"东莞制造"享誉全球。

而在电子信息产业之外，东莞的新材料、食品饮料、纺织服装鞋帽等传统产业也是其经济的重要支柱，目前均已是千亿级规模。

近十年，以东莞徐记食品有限公司（下称徐福记）为代表的传统产业正在加速"进化"。

走进徐福记的生产车间，仅有少数人员在进行数据监测或产品的包装检查。沙琪玛工厂中飘荡着甜蜜香气，大型机械设备运行有条不紊，基本所有流程已经实现自动化。

上世纪 70 年代，台湾徐氏四兄弟走街串巷叫卖糖果。1992 年，四兄弟前往东莞建厂，从事糖果贴牌加工，1994 年创建徐福记品牌。徐福记早年间贴着"劳动密集型"的标签，十年前最旺季的时候，工厂人数超过 1 万。

徐福记的沙琪玛自动化生产车间（徐福记供图）

2013 年，内部成本的压力倒逼徐福记开启自动化、数字化、信息化升级之路的探索。

从机器换人，到定制化的全流程自动化，徐福记用了近 10 年的时间。

制造总部总经理鲍喜涛回忆，2020 年，徐福记的车间实现无纸化操作，车间的关键工艺通过传感器采集数据，物联网将过去的手工记录本换成 Pad、数字化看板。

"自动化对徐福记来说，意味着从劳动密集型向智能制造的华丽转身。起初考虑的是节约成本，后来对品质稳定性、食品安全都有极大的好处。"鲍喜涛说。

2014 年，东莞"机器换人"大幕开启，以高端装备和智能制造为抓手，在重点行业、重点领域、重点环节率先实施机器人智能制造应用示范。

在这一背景下，很多企业，开启了现代化的精益管理。家具制造企业作为东莞传统支柱产业的组成细胞，能更容易吸收到这一轮智造变革的养分，实现换新赛道超车。

走进位于厚街镇的慕思健康睡眠股份有限公司（下称慕思）的工厂，巨大的立库（自动化立体仓库）充满现代工业气息，物料与产品跨车间、跨楼层自动化配送，系统看板报表实时监控和分析数据。

慕思创立之初，软体家具行业基本纯手工生产。2014 年前后，慕思发现，质量标准上的管理存在困难，质量标准会因为人的主观理解不同出现偏差。慕思开始寻求变革，实施"机器换人"，并引入全球先进的自动、智能化设备和工业流程。

数字化转型为慕思带来产能的大幅增长，近三年，慕思主要产品产能提升 30%—60%，单品人工成本下降 9%—59%。慕思股份董事、副总裁盛艳举了一个例子，"床垫的自动包装从过去的六七道工序精简为一道工序"。

传统制造，已经不传统。

中山大学先进制造学院副院长吴嘉宁表示，从历史沿革看，在早年间，东莞的传统制造就已经布局深厚，涌现出众多民营企业，且形成产业集群，这些企业拥有设备、相关上下游及稳定订单，进行迭代和改造会更有基础条件。

"在工业 4.0 阶段，早期的积累有助于迅速占据软硬件条件的优势，实现产业的转型和升级。"吴嘉宁说。

慕思的自动生产线（慕思供图）

电子信息、高端装备，迅猛发展

"全国每生产 5 部手机，就有 1 部产自东莞。"迈入新世纪的东莞，逐渐形成了以电子信息产业为主导，门类齐全的工业体系。全球 95% 的 IT 产品可在东莞配齐，一批技术密集型高附加值行业加速发展成为龙头产业。

2021 年，东莞电子信息产业集群营收超万亿规模，手机产量达 2.45 亿台，是 2012 年（6729 万台）的 3.6 倍。

在新能源方面，东莞消费电池产值规模约占全国的 15%，产业链上下游企业 1300 多家，拥有东莞新能源、振华新能源、创明电池、锂威能源等众多电池生产厂家。

与此同时，工业检测装备行业也迎来增长。广东正业科技股份有限公司（下称正业科技）作为工业检测智能装备提供商，深耕锂电、PCB（印刷电路板）、平板显示行业多年，并进军半导体领域。自主研发包括适用于锂电、半导体及电子制造行业的 X 射线智能检测设备，PCB 行业用智能检测及自动化设备，平板显示行业用绑定、贴合、背光组装等中后段模组全自动化生产线等产品。

正业科技走出了单机离线检测—自动化在线检测—集成化解决方案—工业检测智能产线的技术、产品发展之路，涵盖了光、机、电、软和图像处理等核心技术，可根据工艺及特殊需求进行定制化开发。

电气机械及设备作为东莞继电子信息之后的支柱产业，近年保持着较快的增长势头，规模以上工业增加值由 2012 年的 278.1 亿元提升至 2021 年的 1081.3 亿元。东莞参与创建的"广深佛莞"智能装备集群入选第二批国家先进制造业集群。

东莞市凯格精机股份有限公司（下称凯格精机）研发生产的锡膏印刷机也是电子制造产业链中的重要设备。

长期以来，电子工业自动化精密装备高度依赖进口，以锡膏印刷设备为例，因 SMT（表面贴装技术，将电子元器件贴装至线路板表面并焊接的工艺）生产线中大部分品质缺陷是由于锡膏印刷不良引起的,过去很长一段时间内,美国 MPM、德国 EKRA、日本松下等品牌设备曾是下游电子工业客户采购的首选对象。

"做设备不是一蹴而就的，最初做出来可能只有 60 分。"凯格精机总经理刘小宁表示。

起初，凯格精机集几家国外品牌之所长，结合自己对设备工艺的理解，在 2006 年推出首款锡膏印刷设备。为打开最初的市场，将 30 台设备送给客户，"你们免费用，只有一个要求，要反馈意见，提需求，帮助我们改进"。中国企业和海外品牌竞争，往往通过这个路径，从基础的、低端的开始做起，"干中学，边干边总结经验提升技术，一级级台阶往上走"。

　　随着电子装联的工艺需求向小型化、复杂化发展，电子元器件的尺寸越来越小、IC 集成度越来越高，对锡膏印刷机的精度、稳定性和印刷工艺要求就更高。2014 年，凯格精机首次使用了 01005 元器件，是全球首家完美印刷 01005 的公司，目前能印刷的最小尺寸是 $55x75\mu m$。

　　凯格精机不断优化设备性能及工艺方案，成为中国 SMT 领域最大的设备制造及服务商之一，远销海外 50 多个国家和地区，全自动锡膏印刷机性能及市场占有率处于全球领先地位。

　　"目前我们设备的定位精度、印刷精度等关键技术指标已处于全球行业

凯格精机工艺人员对运行设备进行调试（凯格精机供图）

领先水平。一年销量约四五千台，相当于市场增加了四五千条生产线。"刘小宁说。

2011 年，东莞确立了"五大支柱、四个特色"的产业发展结构。"五大支柱"即电子信息、电气机械及设备、纺织服装鞋帽、食品饮料加工、造纸及纸制品；"四个特色"即玩具及文体用品、家具、化工、包装印刷。

近年来，在"五支四特"的产业基础上，培育涌现了一批新产业、新动能。

2021 年，东莞提出选取新一代电子信息、高端装备制造、纺织服装鞋帽、食品饮料作为战略性支柱产业集群，选取软件与信息服务、新材料、新能源、生物医药及高端医疗器械、半导体及集成电路作为战略性新兴产业集群，构建"4+5"产业集群培育体系，目前已形成了"万、千、百"亿级的产业集群发展梯队。

从代工到自主品牌，从手工加工到高新技术

在中国经济发展版图中，东莞是极其重要的观察窗口。多年"打拼"，这里酝酿出了完善的产业链配套，并且拥有强大的成果转化能力。

然而，一路走来，东莞从未轻松过。

与其他外向型经济特征明显的城市类似，东莞对国际市场形势敏感。

2008 年金融危机呼啸而来，外贸企业遭遇寒冬。

2015 年，世界经济疲软，中国经济增速换挡，传统企业转型升级加速。

2019 年以来，新冠疫情、中美经贸摩擦、国内外经济下行，对全球制造业供应链产生冲击，不少企业面临物流、原材料、人工、资金等不同的困难。

压力，倒逼着东莞突围。

十年间，东莞共有 8 份市政府"一号文"与制造业发展相关。2014—2016 年，连续三年，"一号文"加码，掀起了智能制造的热潮。自 2017 年起，东莞创新开展了"企业规模与效益倍增计划"，引领全市制造业企业转型升级。

截至 2021 年底，倍增计划试点企业中，共计拥有 16292 项发明专利、23 项国家驰名商标，共计纳入 38 家上市企业和 91 家专精特新企业（25 家工信部专精特新"小巨人"企业，66 家省级专精特新企业）。

目前已占据华南地区最大市场份额的"倍增企业"东莞怡合达自动化股份有限公司，是传统制造业通过产业链整合发展壮大的典型案例：通过设立工业自动化零部件采购 B2B 电商平台，去掉中间商和零售商环节，实现零部件厂商与终端设备厂商直接交易的产业链纵向整合。

随着国内自动化机器人设备不断成熟、价格走低，东莞的传统代工制造企业也走上了求变发展之路。部分企业逐步脱离代工发展模式，寻求自主品牌发展和转型升级。

数据记录着这些变化。东莞原始设计制造商（ODM）+ 代工厂经营自有品牌（OBM）比重由 2015 年的 73.5% 提升至 2020 年的 77%，提高 3.5 个百分点。以"三来一补"起家的东莞，慢慢撕掉"代工"城市的标签。

广东生益科技股份有限公司实现了从成立之初依靠来料加工、引进美国配方到如今完全自主创新的跨越，写就覆铜板领域龙头企业的成长之路；拥有国家级单项冠军产品"液态金属"的东莞宜安科技股份有限公司从创办之初的手工加工厂转型升级为高新技术企业，成为"东莞制造"到"东莞智造"的例证。

东莞的制造企业，越来越多主动变革，顺势而为。

而东莞"直筒子"的市—镇二级管理结构也为各镇街（园区）的特色产业奠定行政基础，虎门的服装和线缆、长安的电子信息和五金模具、大朗的毛纺织、厚街的家具制造和批发零售业……随着出口放缓，发展内销成了企业转型的共同关键词。内销之外，科技创新、产业升级的不断推进，也使得很多制造业重镇实现了二次飞跃，不断迭代。

此外，科创资源也加速在东莞云集。

近年来，除了华为，东莞还吸引了不少深圳企业的目光。2016 年，考虑到东莞完善的电子产业生态，蓝思科技成立子公司蓝思东莞，落地松山湖，生产显示屏视窗玻璃、触控模组等产品。这些企业的进军，为东莞的高新技术产业发展增添了信心。

10 年间，松山湖的电子信息、生物医药、智能装备制造、新材料等产业蓬勃发展。华为终端、华贝电子、歌尔智能、红珊瑚药业、菲鹏生物、众生药业、汇川科技、拓斯达等一批颇具行业影响力的企业在这里发展壮大；香港科技大学李泽湘教授领衔打造的松山湖国际机器人产业基地，走出了李群自动化、云鲸智能、逸动科技等一大批新锐科技企业。

东莞也蕴藏了珠三角最强的科研能力，散裂中子源、南方光源、松山湖材料实验室等重大平台的聚集，推动松山湖形成全球难得一见的科研制高点。

东莞传奇，未完待续

东莞，河湖纵横、山峦叠嶂，"半城山色半城水，一脉三江莞邑香"，这座岭南风味浓厚的千年古城，从销烟之地、世界工厂，发展成为如今的"智造之城""科创高地"。

这座城市，总是处于"创业"的状态。

除了改变粗放型模式，从劳动密集型走向技术密集型，东莞还大力发展内源型经济，推动经济结构战略性调整。2012年，东莞外向依存度为175.6%，到2021年，这一数据降为140.5%。

这十年，东莞的工业市场主体数量倍增。截至2022年8月，东莞的工业企业达20.4万家，是2012年的3.5倍；规上工业企业达1.28万家，是2012年的3倍，数量位居全国地级市第一。

东莞，也在充分利用大湾区各项政策优势和地理环境优势。

大湾区是国内最大的半导体应用市场，在与外部环境的互动反馈中，东莞初步形成了以封装测试、设计为核心，以设备、原材料及应用产业为支撑的产业布局，安世半导体、中镓半导体、天域半导体等企业在东莞扎根发展。

2020年7月，松山湖科学城正式纳入大湾区综合性国家科学中心先行启动区建设，标志着松山湖科学城建设正式上升为国家战略，成为国家参与全球竞争与合作的重要力量。2021年4月，香港城市大学（东莞）校区在东莞松山湖正式奠基，定位为推动"东莞制造＋香港科创"。

大科学装置、大平台、大学府、大企业，优质创新资源汇聚，为湾区时代的东莞开启新篇章。

东莞，续写传奇。

（彭艳秋 文）

东莞手记：

从"东莞制造"看"中国制造"

无论是过去的"异乡人"，还是现在的"东莞人"，无数人在这里落脚、起航。东莞，用宽厚的胸怀接纳。

中山大学先进制造学院副院长吴嘉宁表示："东莞环境优美、生活成本较低，各方面的政策友好友善，也有很多机会，所以很多人都选择在东莞定居，在这里完成自己的事业。"

东莞的异木棉开得极好。这座城市不仅仅是包容的，更是有生命力的。南海之滨的东莞，从一个农业小县，走到今天，如怒放的异木棉一样，显示的也是一种生命张力。

东莞制造崛起的传奇，被反复述说。

史海钩沉，剖析内里的原因，关键人物、政策、地理、时代背景、发展契机……要素还是过多。此行让人印象深刻的两点，也许可以窥一斑而知全豹。

其一是，东莞的"忍得住"和"精细干"。

如果说，中国有哪些城市的发展起伏跌宕，东莞肯定算一个。

"要改变过去传统劳动密集型的路子，增加高附加值的有科技含量的产品"，这是2008年广东开始"腾笼换鸟"的时代背景，为的是改变粗放型的增长方式。事实上，东莞的产业结构调整，面临多重阻力，艰难程度可想而知。

如此规模的城市产业调整，涉及利益之复杂，如何权衡？

东莞试着给出自己的探索。东莞市工信局相关负责人说，东莞的能耗监测平台、电机能效提升方面，"是走在全国前面的"。2012年前后，东莞首创能耗在线监测平台，通过企业的能源消耗、产值构成进行监测分析，科学地评估管理。

而腾挪出去的，也不是某一个产业，而是低效高污染的环节，不具备本地保留条件的，或腾退或迁入环保基地。"没有绝对落后的行业"，到如今，纺织服装等传统产业仍是东莞的支柱产业之一，规模接近千亿。

东莞建了包括沙田环保基地在内的多个环保基地，集中安置原先低效高污染的环节，在环保产业园中采取污水排放集中处理的方式，集约化管理。此外，还做了不少工作，协助部分迁出东莞的企业争取立项指标、处理历史遗留问题、梳理债权债务关系等。

在企业转型升级方面，也在针对原来东莞小微企业为主、大型骨干企业匮乏、产业集中度较低、产业竞争力和抗风险能力较差的企业结构，开展高新技术企业"育苗造林"行动。

除了"忍得住"，还要尽可能"精细干"，最大程度协调与平衡各方利益。

2014 年以来，东莞实施的"机器换人"也取得成效。企业平均产品合格率从 88.33% 提升到 92.31%，单位产品成本平均下降 9.25%，劳动生产率平均提高 3.66 倍。

在疫情延绵之时，东莞政府部门依旧做好企业服务，设立产业链专班，确保重点企业即使发生疫情了，也要保证他们的基本生产。政府为企业开函，拿去和国外下订单的客户保证是可以如期完工的。

疫情期间，东莞出台诸多政策，能想到的，基本都去做了，包括通过举办产业对接会，帮助企业开拓市场抢订单、对接上下游。

其二，从"东莞制造"看到"中国制造"的变迁。

徐福记和慕思都体现了典型的传统制造升级，自动化、数字化、智能化过程均经历了与外部厂商共创到自己的工程师团队能够自主调整、创新的过程。

采购设备之后，不是万事大吉，"如果公司不懂行，后期交的学费会很高"，慕思股份智能睡眠研发负责人雷华表示，他们之所以聘请懂机器且懂行业的技术人员进行部分的自主研发，是因为在柔性生产上自己能够修改参数。尽管建设初期不熟练，但打磨后，得到了很好的改善。

而凯格精机和正业科技这样的高端设备厂商，则从另一层面反映出中国制造的"进化"。

正业科技 2021 年度锂电检测自动化业务营收同比增长 150%，"检测行业的业绩增长，说明国内对制造的质量越来越重视"。

凯格精机的发展，走出了一条国产替代之路。

"10 多年前，锡膏印刷设备几乎全部进口，价格至少几十万，且货期至少在三个月。"凯格精机总经理刘小宁说，"逐渐地，我们也能够设计并生产这个领域的高端设备了，打破了国外在这一技术领域的垄断，替代了国外进口，而设备所需配件的供应来源，也从过去的进口再到国产，因为国产零部件的制造已逐步追赶国外技术。"

刘小宁说，"设备内部有技术含量的零部件，从原来大概40%依靠进口，到现在约20%，主要原因就是国产技术的崛起"。

东莞制造，从过去的"三来一补"、出口导向为主，到现在逐步实现部分的国产替代，成为中国制造的一个缩影。在贴牌代工、与国外厂商合作、吸收消化、集各家之所长等方式中积累技术，到自己开始掌握技术，实现追赶甚至超越，走出了一条符合规律的发展之路。

吴嘉宁也举了一个例子——先进制造中的盾构机。"20年前我们上学的时候盾构机全是德国的机器，一个零件都不能少，坏了之后必须请德国的专家来。德国的专家来了，一周工作5天，每天至下午5点，做到一半就放在那里不管了，不能让人家加班，那时候是比较被动的。现在中国已经具有盾构机的完全自主知识产权，摆脱了过去的受制于人。"

刘小宁说，过去往往是中国人为德国、日本企业的产品做代理，而现在也有外国人在美国、欧洲、日本等区域为凯格精机的设备做代理销售服务，"这还是比较骄傲的，说明我们的产品不错"。

"如果中国有成千上万我们这样的装备制造企业，都能够在各个细分市场做成全球领先的话，整个中国的装备制造业就上来了。"他这样认为。

未来的道路上，中国制造要继续在"自信"和"还不足够"、"要不断进步"和"焦虑"之间进行平衡。

（彭艳秋 文）

佛山

当万亿
泛家居重镇
开造机器人

佛山魁星阁与都市夜景交相辉映

广东佛山禅城区，南风古灶景区，两条古龙窑宛如两条长龙横卧在佛山大地之上。龙窑尾部的烟囱依旧高耸在空旷的广场上，却已不再喷吐"黑色牡丹"。一棵依伴古龙窑生长400多年的"古灶神榕"犹在，亭亭如盖，比烟囱更显威严高大。

穿梭在岭南特色古建筑群中，陶制壁画、公仔、景区地图随处可见，它们都在讲述佛山悠久的制陶史。

陶瓷业常常被视为了解佛山制造业的一个起点。陶瓷很美，制陶的代价也很高。

"20年前在这里，你看不到天，整个佛山弥漫着尘土味道。"鹰牌陶瓷总裁陈贤伟说。

曾经尘土飞扬的佛山，如今已是绿树成荫。

南风古灶的古龙窑

从"尘土味"到"美陶湾"

以陶瓷产业为支柱的佛山禅城区，素有"南国陶都"之称，烧窑传统悠久。

2021 年，泛佛山陶瓷销量约占全国的 60%。禅城区也是世界最大的陶瓷配套中心，陶瓷机械销量占全国 80%、占全球 50%，陶瓷色釉料销售占全国 50%，陶瓷模具等销量占全国 30% 以上。

5000 年前，石湾的先民就已熟练掌握了选土、成型和煅烧的制陶技术。"石湾瓦，甲天下"的民谚从明代流传至今。清代后期，佛山共有龙窑 107 座，制陶工 6 万多，每天陶窑烟火冲天不息。

这种"村村点火户户冒烟"的景象延续到了近代。改革开放后，基于原有的资源禀赋、历史传统和技术基础，佛山的陶瓷产业由艺术陶瓷转向建筑陶瓷。

粗放型的陶瓷制造一度成为了禅城区的支柱产业,同时也带来了高污染、高能耗的代价。20 年前,佛山陶瓷产业制造的环境污染已达到生态系统所能承受的极限,"整个佛山弥漫着尘土味道",空气质量和水污染的问题日益严重。

2003 年起,佛山市政府开始推进陶瓷等重点污染行业的结构调整。

2007 年,佛山市提出,通过利用高新技术、先进适用技术和信息化改造提升陶瓷等传统产业发展。

2012 年,佛山市进一步提出,实施产业倒逼和退出机制,对环保代价高昂的生产部分关停并转。

"佛山曾经的环保压力很大,但在升级过程中运用了数字化就很环保。"深圳高等金融研究院政策与实践研究所所长肖耿表示,10 年来,佛山陶瓷行业升级很快,把能耗高、污染重的企业基本都淘汰了,剩下的是经过创新研发的节能企业。

去粗取精,给佛山陶瓷产业提供了一次蜕变契机。

可见的是,这十年来,蒙娜丽莎、科达制造、东鹏控股、帝欧家居、天安新材、箭牌家居等佛山陶瓷相关企业登上了资本市场。

"这是非常明智的决策。"陈贤伟表示,在环保政策逐年收紧的背景下,从制造过程中排放空气的质量,汽车运输过程中掉的泥土,到水质的内部循环都有极大提升。

佛山市生态环境局披露的数据显示,2013 年,佛山 $PM_{2.5}$ 平均浓度为 53 微克 / 立方米;到 2021 年,该浓度降至 23 微克 / 立方米,下降了一半还多。

除了在"硬实力"上进行技术改造，佛山陶瓷行业正在积极谋取文化"软实力"。

佛山市政府在扶持现有名牌企业做强的同时，还组织建立"佛山陶瓷"标准体系和认证体系，以提高这幅金字招牌的含金量。与之对应的是，佛山陶瓷企业的重心转向了设计、研发体系和标准化管理输出。

目前，佛山陶瓷企业正与政府的"美淘湾""有家就有佛山造"等 IP 合作，让地方品牌与企业品牌联手，对传统产业进行文化、历史的赋能，促使政府和企业共同进步。

陈贤伟表示，在产品升级上，佛山陶瓷企业结合了中华文化元素的文创产品，满足了国货潮下的消费升级需求。比如，鹰牌陶瓷的"水墨京砖"延用故宫非遗古法金砖的制造工艺，对其进行二次创作，让精美文创产品走进普通人家，摆脱对意大利等国外设计的依赖。

冲出"红海"，各显神通

"有家就有佛山造"，是佛山正在积极打造的一个产业 IP。

除了陶瓷，"佛山造"还包括家具、家电、铝型材、不锈钢等。截至 2020 年，佛山泛家居产业突破万亿规模。这里面最具影响力且对佛山经济贡献最大的当属家电。

改革开放以来，与深圳、东莞一样，借助毗邻香港的地理优势，佛山通过"前店后厂""三来一补"等模式发展加工贸易。同时，佛山还孵化出了一批后来驰名中外的制造品牌。

小熊电器展厅内陈列的创意
小家电（小熊电器供图）

"佛山离广州最近，但是从制造业来讲，它距离香港和深圳都不算远。整个制造业已经形成了规模，企业生产零件的灵活性很高。"肖耿表示，佛山与全球供应链早就密切联系在了一起，而内部供应链也已形成完整生态。

这一点在家电行业表现得非常明显。佛山顺德区就聚集了美的集团、格兰仕、小熊电器等知名电器企业。

小熊电器创始人、董事长、总经理李一峰表示，当年选择来佛山顺德创业，就是看中这里有一串品牌型企业在带动产业的发展。丰富的产业配套，各个维度的零部件，包括相关的模具、设备、设计服务，都已经形成了完整的产业链。此外，顺德当地也沉淀了许多相关人才和企业管理思想。

拥有家电巨头美的的佛山，如今已是举国闻名的家电聚集地。那么，佛山是如何从家电行业的红海中杀出一条血路的呢？

出路之一是研发。

离心机被认为是中央空调行业的皇冠，而磁悬浮压缩机技术则是皇冠上的明珠。2019 年以前，磁悬浮离心机的核心部件压缩机一直被外资垄断，国内品牌要从外资厂家购买压缩机，之后仅进行整机的生产组装。

面对研发难度高的磁悬浮技术，美的集团搭建了三级研发体系，动用了由 100 多名专业工程师构成的科研攻关团队。

"团队的硕博占比达 80% 以上，涵盖了电磁技术、电控传感、变频驱动、仿真算法、气动流体、机械材料等 15 个专业。"美的楼宇科技事业部水机产品公司总经理李葛丰表示，即便如此，项目组也经历了"无法悬浮""一碰就掉""高速失稳"等多个阶段性失败，技术方案和设计标准也经过了无数次重大调整甚至推倒重来。

历时 5 年的研究，美的集团终于实现了磁悬浮技术从 0 到 1 的突破，建立了磁悬浮系统整体仿真设计平台，具备了正向设计能力。据李葛丰介绍，2021 年，美的磁悬浮离心机年产销出货超千台，已超越"美资离心机 4 大家族"的最后一位，打破了美资市场垄断的格局。而 2022 年，美的离心机年产销量超过 1600 台，进一步挑战行业龙头地位。

创立于 2006 年的小熊电器则是抓住了互联网时代的红利。2014 年在移动电商崛起、红利来袭之时，小熊电器决定两条线并行，紧抓电商之余大力发展制造，走出了自己的研发路线。

李一峰发现，在电商崛起的背景下，从单个品类上去构建竞争门槛很难，因此确定了创意小家电多品类、产品丰富化的路径。

小熊电器选择了生产毛利空间较大的酸奶机、煮蛋器等创新型品类小家电，通过挖掘"长尾市场"的需求搭配线上渠道，迅速铺开销路，赢得市场地位。

目前，小熊电器已组建 70 多条产线，自主研发超过 60 个品类，涵盖厨房电器、居家电器、家居产品、个人护理、婴童用品等，拥有 500 多款型号产品，被誉为"国民创意小家电"。

李一峰表示，中国家电对产品开发已从"拿来主义"，转变成了基于中国消费者的需求进行的研究转化。

"现在中国原创性的产品越来越多，未来小家电的制造创新基本上都会在中国产生。"李一峰说道。

"新技术都会到佛山的密集产业去找应用场景"

2015 年，佛山引进上市公司华中数控旗下品牌"华数机器人"。2016 年，美的集团收购了机器人四大家族之一的库卡的控股权。

传统上主要应用于汽车行业的机器人等智能装备，正在更广泛地应用于制造行业。而佛山制造也在向智能化、数字化方向突进。2017 年，佛山实施"百企智能制造提升工程"，同时着力打造全国机器人自主创新集成中心。2022 年，佛山又提出做大做强高端装备制造、智能机器人等战略性新兴产业集群。

华数机器人有限公司是佛山当地一家代表性机器人企业，它的应用领域涵盖了小家电、3C 电子、厨具、汽摩、仓储物流等领域，小熊电器、伟仕达电器等众多知名企业就是它的客户。佛山华数机器人常务副总经理杨林表示，近 10 年时间，华数机器人先后攻克机器人核心技术 400 余项，工业机器人核心零部件自主比例超 80%。

智能制造很大程度上也体现在对原有生产体系的数字化改造上。10 年内，葆德科技走出了从"卖产品"到"卖服务"的升级路径。10 年前，创立初期的葆德科技，是一家主营空气压缩机贸易和售后服务的传统企业。2015年，葆德科技开始自主研发"葆德云"工业互联网平台，将工厂、服务商以及空压机终端用户连接起来，使所有空压机均能在"葆德云"上通过物联网技术进行数据交换。在手机上打开"葆德云压缩空气管理系统"，可以实时监控所有客户的设备运转情况。同时，葆德科技的客户也可通过系统在线一键报修，寻求售后服务。

"佛山在智造方面，根据当地产业需求升级得非常快。"肖耿说道，劳动力紧张的背景下，新技术都会到佛山的密集产业去找应用场景。

先进技术都能在其中找到"安身立命"之处，也让"智造"的成果，通过佛山这个"一站式商店"，辐射到人们日常生活的诸多领域，让千家万户受益于制造升级的果实。

作为传统制造业强市，佛山此前多年依靠着资源禀赋、地理优势发展加工贸易。10年来，佛山工业结构不断优化，先进产业优势明显，2021年先进制造业增加值2688.21亿元，占规模以上工业比重达49.4%，比2012年提高17.9个百分点。

以集约高效生产空间，呼应山清水秀生态空间。10年来，佛山产能落后、高耗能的行业占比持续下降。2021年，六大高耗能行业增加值占规模以上工业增加值比重为17%，比2012年下降5个百分点。2012—2021年，佛山单位GDP能耗累计下降47.97%。

（侯嘉成 文）

佛山手记：

佛山"智造"如何留住人才

当被问及为何选择来佛山顺德创业时，小熊电器创始人李一峰说了几个理由：一是丰富的产业配套，二是当地沉淀了许多相关人才和企业管理思想。

在制造业进化之路上，人才的意义不言而喻，但持续引入人才并留住人才，并不容易。特别是夹在广州和深圳两座一线城市之间，佛山必须拿出自己的人才策略。

"研发需要人才，而人才讲究生活素质。"深圳高等金融研究院政策与实践研究所所长肖耿说道。

据当地人讲，20年前的佛山，空气中弥漫着尘土味道，抬头看不见天，这也让很多人才望而却步。从本世纪初开始，佛山开始加快产业结构调整，不断淘汰能耗高、污染重的企业。如今，佛山绿树成荫的环境，明显提升了其对人才的吸引力。

与此同时，佛山近年来也加强了与科研单位的深度合作。

2017 年，佛山推动政产学研用协同创新，深化与中国科学院、中国工程院、清华大学、卡内基梅隆大学等国内外科研院校战略合作，组织开展核心技术和关键共性技术攻关。

2021 年，广东中科半导体微纳制造技术研究院、佛山智能装备技术研究院等创新载体加快建设。

这其中，佛山智能装备技术研究院与本次拜访的华数机器人有限公司有着深厚渊源。2013 年，以佛山智能装备技术研究院为首的"1＋2＋N"协同创新创业生态圈，培养了一支综合素质较高的人才团队，最终诞生了华数机器人和登奇机电两家"专精特新小巨人"企业。

佛山华数机器人常务副总经理杨林表示，对关键岗位的人才，华数机器人等企业都有着不小的培养、引进力度。

"佛山政府引进人才的力度已经非常大了，在全国来说应该是力度最大的，特别是对高层次人才的吸引上面。"杨林说道。

金融支持上，2021 年，为了支持高端制造业企业发展，佛山市政府牵头设立一只总规模 300 亿元的制造业转型发展基金。2021 年 9 月 15 日，首期 100 亿元基金正式成立，也是佛山市第一只百亿规模的政府投资基金。

当然，制造业对人才的要求本身也很高。

"智造业"需要的高等人才必须有"实干型"的特质。制造业转型需要的专业性人才，即使是"才俊型"的博士、硕士，也要对制造业的专业领域有所研究。

葆德科技的创始人郭振发表示，制造业的人才必须要到产业和企业里面

佛山智能装备技术研究院和华数机器人、登奇机电
两家"专精特新小巨人"企业

"深耕",这样才能知道行业的痛点。如果会写代码,但不懂供应链的流程,不懂行业里的壁垒,那么人才也是断层的。

"产业互联网,既要懂得软件,也要懂得产业,才能把行业做通做透。产业互联网的人才要在行业里面深耕,才能把数字化技术转化成效益。而且你要愿意在制造业里面奋斗,说实话天天要去客户现场4次,总共可能要去几千次,这跟你在写字楼里面完全是不一样的。"郭振发说,佛山的制造业很强,而且里面还有很多机会。同样在深圳和佛山的企业里拿着等量工资,在佛山的发展潜力可能会更大。在制造业里,运营经验和产业理解所带来的附加值会越来越高。

美的楼宇科技研究院院长孟涛也提到,制造业转型需要复合型的人才,要多种能力的互相结合。孟涛本人曾就职于阿里巴巴,有过互联网企业的创业经历。

"制造业转型的人才需要有机电、暖通空调、电梯等专业知识,才能跟数字原生企业结合。"孟涛说。

不过,郭振发也指出,中国制造业的管理水平跟国外有很大差距,好的人才不愿意留在制造业。

"如果要把佛山制造业上一个台阶,从大市走向强市的话,必须要在人才角度上出一些特殊的政策。"郭振发说道。

(侯嘉成 文)

武汉 往前、往上，往全球价值链的高端跃升

武汉光谷广场

武汉别名"江城"，长江与其最长的支流汉江在城中交汇，划分出汉口、武昌、汉阳，隔江鼎立。

1890 年，晚清名臣张之洞在武汉龟山脚下主持动工兴建汉阳铁厂，自此，中国钢铁工业蹒跚起步。龟山的铁与火也开启了武汉工业化之路。

1976 年，中国第一根实用化光纤在武汉地图的东南角诞生。从"一束光"到"一座城"，这里逐步发展成为中国光通信产业的发源地。1988 年，东湖高新区创建成立。1991 年，被称为"车谷"的武汉经济技术开发区（下称"武汉经开区"）动工兴建。2001 年，东湖高新区获批国家光电子信息产业基地"武汉·中国光谷"。

近十年来，"光谷""车谷"不断探索突破产业自主化瓶颈，努力向全球产业链的价值高端攀登。

武汉中国中车集团在一个展览中展出的复兴号动车组

造车：突破产业自主化瓶颈

在武汉经开区，有一条长 13 公里、号称"车都之脊"的东风大道。它的得名与东风公司 2003 年将总部从十堰搬迁到此有关。这里已是全球汽车工业密集度最高的轴线之一。

2010 年，武汉汽车产业产值首次突破 1000 亿元，并超越钢铁，跃居武汉第一大产业，此后多年，蝉联第一。汽车工业高速发展，也衍生出了一批填补国内汽车领域空白的行业隐形冠军企业。武汉菱电汽车电控系统股份有限公司（下称菱电电控）就是一个代表。

2002 年，菱电电控创始人王和平受朋友邀约，参观河北一家民营汽车厂。

他了解到，汽车EMS（发动机管理系统）要近5000元一套，然而技术长期被跨国厂商垄断，全部依靠进口，成为制约中国汽车产业自主化的主要瓶颈之一。

"我是改革开放后的第一批大学生，如何让中国制造站得住、立得稳就是一直坚持的想法。"王和平说。

经过一番考察后，王和平决定以电控系统为突破口，开启EMS自主研发道路。

EMS研发投入高且收益慢，菱电电控连续10余年承受亏损压力。2008年，终于有第一款车配套使用菱电电控的产品。此后，菱电电控的技术和产品逐步被市场认可，配套量逐年提升。

在2013年国家工业转型升级强基工程项中，菱电电控承担的"涡轮增压与缸内直喷汽油机管理系统"实现了产业化目标。涡轮增压缸内直喷汽油机管理系统及喷油器总成技术等，被湖北省科技厅鉴定为国内领先、打破了国际垄断市场。

经过30多年的快速发展，武汉已拥有东风本田、上汽通用、神龙、东风乘用车等多家整车及零部件企业。而这些企业大多聚集在武汉经开区，在约500平方公里范围内，集聚了9家整车企业、13家整车厂、500余家知名零部件企业，年产整车百万辆，工业产值超3200亿元，被誉为"中国车谷"。

同时，这里也是中部汽车产业创新最活跃的区域之一。2021年，车谷新能源汽车产量达6.5万辆，同比增长496%；完成产值106.7亿元，同比增长556%，产量、产值均创新高。

东风乘用车公司生产线

追光：光谷崛起，自带创新基因

"光谷"是武汉制造业进化升级的另一张名片。它是中国光电子信息产业的发源地和重要基地之一。

"早在几十年前，华中科技大学的前身华中工学院就有一批老教授在做激光。"华中科技大学经济学院教授钱雪松说，科教优势孵化出技术，产业革命提供优质赛道，武汉"追光"厚积薄发又适逢其时。

从成立之初诞生全国第一根实用化光纤、第一个光传输系统、第一个光通信国际标准，到如今率先建成全球首款 128 层 QLC 存储芯片，率先推出中国首个 400G 硅光模块、最大功率的 10 万瓦光纤激光器、首条柔性折叠显示屏生产线……光谷崛起，自带创新基因。

脱胎于高校的华工科技产业股份有限公司（下称华工科技），是提到光谷时很难绕开的企业。

近年来，华工科技从集成创新走向核心部件自主研发。"十几年前，国内激光装备的核心零部件主要是采购国外品牌进行集成。为突破卡脖子技术，华工科技聚集了顶尖人才和资源进行攻关。"华工科技董事长马新强说。

2010 年，华工科技生产出中国首台紫外激光器，一经推出，国外产品迅速降价，中国人使用固体激光器不需再从海外高价购入。此后在纳秒、皮秒、飞秒等高端激光器领域，华工科技逐一取得突破。

2015 年，联合神龙、通用等多家下游车企共同自主研发，华工科技参与的"汽车制造中的高质高效激光焊接、切割关键工艺及成套装备"项目，获"国家科技进步一等奖"，打破国外在此领域 40 多年的垄断历史。

伴随制造业的升级，光纤激光器的应用场景越发广泛，小到五金焊接、耳机配件标记，大到汽车、船舶、重型机械的切割、焊接、清洗等领域，都会用到激光设备。

10 年来，中国的光纤激光器实现了突破式的成长。目前国产光纤激光器在中国市场份额达 60% 以上，而在 10 年前，这一比例不到 8%。这当中，武汉锐科光纤激光技术股份有限公司（下称锐科激光）被业内称为"国货之光"。

"做中国自己的高品质光纤激光器"。2007 年，掌握光纤激光器技术的闫大鹏回国，与华工科技合资创立锐科激光。

2013 年，首台国产万瓦光纤激光器在锐科激光诞生，结束了中国不能自主研发高功率光纤激光器的历史，让同类进口产品价格从最初的 700 多万元直接降到 70 万元左右。

激光器的差异主要表现在光学性能和控制性能上。随着这两方面性能的提升，国产光纤激光器在质量上逐渐追平进口产品，售价和服务还更具优势，拿下市场就只是时间问题。五六年前，海外激光企业 IPG 在中国市场的占有率过半，彼时锐科激光市场占有率还不足 13%。2021 年全年，IPG 与锐科激光市占率分别为 28.1% 和 27.3%，逐渐追平。

近十几年，光谷的激光产业生态形成并壮大。这里已聚集华工科技、锐科激光、帝尔激光等上市公司，睿芯光纤、逸飞激光等一批专精特新"小巨

2017 年，华工科技自主研发的国内首条新能源汽车全铝车身焊装生产线，在客户处量产上市。（华工科技供图）

人"，洛芙科技等一批新兴企业，此外，还汇聚了长飞光纤等光纤光缆全球领跑型企业。

"光谷是武汉的产业在世界产业链的位置不断往前、往上、往价值链高端跃升动态演化的代表。"钱雪松说。10年间，光谷高新技术企业数量从670余家增长至4300余家，市场主体总量已近18万家。截至目前，光谷上市公司总数达到58家。

逐芯：厚积薄发迈步向前

武汉光谷，不单"追光"，也在"逐芯"。

位于光谷的北斗大厦，集聚了一批北斗导航相关企业，已形成包括北斗芯片设计、地理信息数据获取、数据加工与运营服务、北斗终端及运营服务在内的完整产业链。北斗导航定位芯片是北斗导航产业链的核心，在湖北，这颗芯片，正是由位于北斗大厦的武汉梦芯科技有限公司（下称"梦芯科技"）自主研发的。

2014年，韩绍伟在武汉创立梦芯科技，当时国内卫星导航芯片产品还停留在55纳米或更低的工艺水平。2015年，韩绍伟带队研发出了中国首颗40纳米量产的北斗导航定位芯片——"启梦MXT2702"，填补了湖北北斗产业"无芯"的空白，斩获中国卫星导航定位科学技术进步奖一等奖。

"梦芯科技是全球第一个高精度产品年出货量达到百万级的高精度芯片企业，目前梦芯的北斗芯片应用在了共享单车、5G基站、智能电网、智慧农

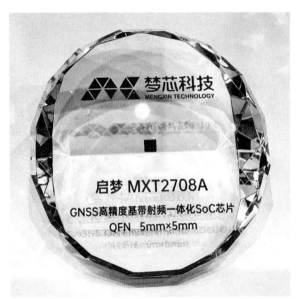

梦芯科技设计研发的北斗高精度芯片
"启梦 MXT2708A"（梦芯科技供图）

业、无人驾驶等新兴行业，也在地质灾害监测、楼宇楼房、桥梁、矿山、水利等提前预警方面发挥作用。"梦芯科技 CTO 郑璐说。

武汉不是近几年才着手寻"芯"的。2000 年，中国集成电路"黄金元年"开启之时，武汉就开始酝酿集成电路产业的逐"芯"之梦。

20 年来，武汉初步打造出设计、制造到封装测试、材料供应的完整产业链条，并创造出了多个国内第一：国内首款 32 层、64 层以及 128 层三维闪存芯片在武汉研制成功、国内首款商用 100G 硅光芯片在武汉研制投产、国内首颗北斗定位芯片在武汉实现厘米级定位……

烽火科技、高德红外、梦芯科技、芯动科技等集成电路企业在武汉这片创新热土聚集，逐步迈向以光电子芯片、存储芯片、红外芯片、物联网芯片为特色的芯片产业高地，形成了武汉"光芯屏端网"泛半导体大产业集群。

2022 年年初，武汉市政府办公厅发布《关于促进半导体产业创新发展的意见》提出，到 2025 年，武汉市芯片产业产值超过 1200 亿元，半导体显示产业产值超过 1000 亿元，第三代半导体产业初具规模。

步履不停，每天不同

走在武汉的大街小巷，时常能够看到"武汉，每天不一样"的标语。这座拥抱大江大湖的城市，步履从未停歇。

作为老工业基地，武汉市的支柱产业很长时间是钢铁、机械、石化等资源密集型产业。这十年，武汉的主导产业加速更替，由钢铁、石化等传统产业，加快向光电子信息、汽车及零部件两大支柱产业引领转变。

汽车及零部件产业集群发展，产值规模十年实现翻番，现在也在合力推动武汉在新能源与智能网联汽车新赛道上进入全国第一方阵。

光电子信息产业独树一帜，光谷已发展为全球最大的光纤光缆生产基地、最大的光电器件研发生产基地、最大的激光产业基地，全球最大的中小尺寸显示面板研发生产基地之一，涵盖上游光纤光缆、中游光器件及光模块、下游光系统设备，同时，生产资料、关键器件实现自主可控，串起完整产业链。

变化是显性的。

长江汉水穿城而过，过去依靠轮渡，三镇形成货物集散地。如今的武汉，壮丽大桥沟通天堑，城市也已经变了大模样。步履不停的武汉，生动演绎着"每天不一样"。

（彭艳秋 文）

武汉手记：

从"钢的城"到"光的城"，
武汉凭什么

❝ 每天过早，可以连续一个月不重样。"武汉本地人是这样说的。走在武汉的街头，你会看到，人们或站着扒拉热干面，或在一个塑料凳上嗦牛肉粉、豆皮、藕汤……

这座码头城市，就是热辣辣。

武汉的产业也是这样火辣辣热腾腾。过去武汉最鲜明的是以武钢为代表的"武字头"国企央企，近年来，产业结构已悄然变化。2021年，武汉汽车及零部件产业产值3345亿元，产值排名中部第一、全国第六。而武汉的光电子信息产业集群加快迈进，也成为新的支柱产业。

"车谷"和"光谷"成为武汉经济韧性的基石。产业从单一支柱进化到多头并进，城市也在奔驰向前。

党的十八大以来，武汉市GDP先后突破1万亿元和1.5万亿元大关，2021年达17716.76亿元，十年来年均增长7.4%。从成色来看，十年来，武汉高新技术企业数量增长 10.2 倍，高新技术产业增加值增长约 2.5 倍，占 GDP 比重 27%，提高 10.1 个百分点。"技术含量"提高，产业变迁也清晰可见，这脉络背后是一家家微观企业的兴衰更替。

武汉企业给人印象最深的有三个方面。

其一，从微观企业来看，制造业的确是一个需要时间沉淀的领域。一家传统机械设备生产厂家，也能让人得以直观感受制造业的深邃。

位于武汉东西湖区径河银柏路的现代精工机械股份有限公司（下称现代精工），是一家从事塑机制造的传统工业企业，从 2005 年开始研发中空板的生产设备。中空板，是一种新型环保型包装材料，正逐步替代部分瓦楞纸包装材料。

创始人詹智勇的儿子詹博睿，从小耳濡目染工业制造，国外留学归来，就一头扎进工厂。詹博睿表示，中空板生产设备主要是挤出机塑化、模具挤出、定型合定型三个环节。产品小众，但研发制造，却不是一朝一夕。

"厂子里的问题可比实验课上的复杂多了。"举个简单的例子，挤塑机中有一个核心部件——螺杆，其每一条纹路、每一个角度都会影响加工的工艺，而模具中流道的形状角度，也会影响生产的精度；此外，定型机加工平台上的纹路、刀具的材料和尺寸等等看似不起眼的细节也都大有讲究。

别无他法，就是不断地试错、改进、实验……

起初，创始人詹智勇带着技术团队去一家合资企业学习机器设备的生产，回来仿照做。然而，由于设计、加工精度的问题，研制出来的机器生产出的中空板质量不稳定，存在瑕疵。

詹智勇每天和设计部门泡在厂子一步步调整改进。直到 2008 年，设备的精度和稳定性才趋向成熟，也逐渐打开市场，销往国内20多个省市，并出口美国、意大利、日本等多个国家，市场占有率国内第一，销量位居世界前列。此外，现代精工在光伏膜、锂电池隔膜、降解材料等领域都研发出了有竞争力的设备，走在行业前列。

这是中国庞大制造业在一个小众领域的缩影。

其二，武汉的很多企业，在关键零部件元器件和操作系统国产化方面做出了很好的尝试。在这背后，与武汉企业创始人浓厚的报国情结不无关联。

锐科激光创始人闫大鹏归国创业的故事很多人已经听过。菱电电控创始人王和平说过，"我当时也可以选择去做房地产，但我还是想做点对国家有贡献的事情，不太想赚快钱"。

来汉创业前，王和平已在佛山成就了一番事业。他选择了EMS这个"周期长、门槛高、回报慢"的行业，就是想要打破"核心技术空心化"的局面。十多年坚持自主研发的过程坎坷磨砺，如今，菱电电控成长为国产汽车电控系统一大品牌。

在强烈的使命感驱动下，锐科激光和华工科技等龙头企业构筑了国产激光设备的竞争力，新兴企业梦芯科技也在北斗导航芯片这个细分领域实现突破。

第三，武汉的转型，与其科教资源分不开，"人尽其才"就更显重要。

从传统的重工业城市，逐步向汽车整车及核心部件、光纤通信、芯片制造等智能制造产业发展；从"钢的城"到"光的城"，制造业发展与武汉厚实的科教基础、人才资源形成了互相激荡循环。

半个世纪前，华中工学院（现华中科技大学）设立激光教研组，研究方向为面向工业应用的激光器研发，并率先创建新中国成立以来高等学校的第一个激光专业，培养了一大批国内激光加工专业人才。这些人才，创造了一批全国乃至全球首创的科研成果，为"光谷"的孕育与发展壮大奠定基础并添砖加瓦。

武汉有各类高校89所，在校大学生130万，在校大学生数量居全球单个城市前列。据2021年数据，武汉拥有国家重点实验室30个，国家级工程技术研究中心19个，在全国15个副省级城市中，数量均排名前列。

近年来，武汉开启"百万大学生留汉创业就业计划"，也正面回应了此前有关"武汉留不住人""为他人做嫁衣"的担忧。

落户是一个层面，更关键的是机会和希望。产业顺利升级、企业朝气蓬勃，打造更多的就业平台和机会，人与城，共赴前途。

（彭艳秋 文）

合肥 "芯屏汽合 +
急终生智"
跑出黑马速度

中国声谷与科大讯飞园区

合肥这座城市的经济发展速度之快，有目共睹。

近十年，合肥 GDP 由 2012 年的 4168 亿元，跃升至 2022 年的 1.2 万亿元，每年跨上一个新台阶。而合肥 2004 年时的 GDP 仅为 0.07 万亿，在 6 个中部经济带省会城市中排名垫底。合肥用近 20 年时间前进了约 60 名。

新中国成立之初，合肥工业仅有一家小发电厂、一些铁匠铺和卷烟小作坊，年工业产值不足千万元。1952 年刚刚被指定为省会之时，也只是一个"其貌不扬"的小县城。

20 世纪 90 年代，安徽举全省之力接纳中科大，为合肥"科教名城"的地位打下了基础。八九十年代，把家电产业作为发展重点的合肥，先后培育了多个本土品牌。2004 年中央提出"中部崛起"战略，合肥抓住了这个契机，20 年的时间，跑出了黑马的速度。近年，合肥发展出"以投带引"的招商引资模式，合肥的传统产业集群也从单一的家电产业，扩展到汽车、装备制造等产业。

从默默无闻的边缘城市，一跃成为备受热捧的明星，被外界誉为"最牛风投城市"。一次次踩准节奏，成就了今天的合肥。

"霸都"造车

经济快速增长的背后，合肥的制造业尤其亮眼，"芯屏汽合"（音同心平气和）、"急终生智"（音同急中生智），备受关注。

芯，即集成电路产业；屏，即新型显示产业；汽，即新能源汽车和智能网联汽车产业；合，即人工智能赋能制造业融合发展。急，即城市应急安全产业；终，即智能终端产业；生，即生物医药和大健康产业；智，即智能语音及人工智能产业。

2021年，合肥市新能源汽车和智能网联汽车保持了高速增长态势，305家规上企业实现营收1095亿元。

合肥的汽车工业要从上世纪六七十年代说起。

1968年4月，一辆2.5吨的载货汽车在江淮汽车制造厂诞生，填补了安徽汽车工业的空白，也拉开了安徽向汽车大省出发的序幕。

当时，为响应国家号召，安徽一群做水利的人利用自己的钣金和油漆技术，转行做起了汽车配件，并逐步开始研制整车。那时候，厂房和设备都很简陋，绝大部分工作要靠手工来完成，驾驶室完全靠手工敲，汽车只要能开着往前走就行。

就在这种异常艰难的条件下，安徽第一辆载货汽车试制成功。经过多年的发展，合肥不仅已经成为汽车制造行业的重镇，而且在动力电池及智能相关的研发、制造方面，打造了良好的智能电动汽车全产业链。依靠江淮、国轩高科及与之具有产业关联性的企业，合肥逐步搭建基础，开启了新能源汽车之旅。

2016年4月，蔚来与江淮汽车达成战略合作协议。2018年江淮蔚来合肥先进制造基地正式投产。其冲压车间采用全球顶尖液压数控技术，较传统生产线节能30%；车身车间拥有国内最新的全铝车身线，是国内首个轻量化车身（铝车身）制造车间，车间内整体自动化率达到97.5%。

在蔚来第二先进制造基地中，冲压、车身、涂装和总装四大工艺车间的自动化、智能化程度，以及环保技术均达到行业领先水平。

位于合肥经济技术开发区的江淮蔚来先进制造基地

"这是在全球范围内首次采用 AGV 柔性岛的工厂，拥有 18 台定制的高精度 AGV，实现高工艺柔性和高扩展性。"蔚来汽车相关负责人介绍，工厂铺设光纤 90 公里，集合专门开发的制造运营网络架构和基于工业互联网的数字化架构，利用微服务方式构建数字化应用，加速运营决策达成。

从上市以来亏损、自我造血能力不足，到多地因不利舆论的压力放弃投资计划，再到 2019 年合肥抛来橄榄枝——蔚来与合肥市政府的故事为人们津津乐道。此后，蔚来继续生长，而合肥也拿到新能源汽车赛道的"船票"。

本土核心零部件企业的竞争力也在这个过程中得到持续提升。截至目前，合肥已相继实施了江淮大众新能源汽车、江淮蔚来新能源汽车、长安汽车二期等 50 多个新能源汽车相关产业项目，并集聚蔚来、江淮、国轩高科、华霆动力、巨一科技等上下游企业，形成了涵盖整车、关键零部件、应用、配套的完整产业链。

"风投城市"的新型显示和集成电路产业

在力挽狂澜救蔚来前，合肥已经成功押宝京东方、兆易创新。

2000 年以后，特别是实施"工业立市"战略后，合肥抓住承接沿海发达地区产业转移的机遇，引来海尔、美的、格力、长虹、TCL、三洋、惠而浦等一大批国内外品牌家电企业在合肥落户，迎来了家电产业发展的黄金期。

家电产业离不开液晶面板，而在 2000 年以前，液晶面板技术主要掌握在日本、德国和美国手中，中国的液晶面板几乎完全依赖进口。因此，家电造价高出对手一截，竞争力大打折扣。

2007 年前后，合肥投资京东方，借力液晶面板发展合肥电子行业。

彼时的京东方，公司 4.5 代线、5 代线都不理想，企业运营、市场销售也都不景气。合肥仍然决定下注。

2009 年，京东方 6 代线开工建设。以这一年为起点，合肥蹚出了一条显示产业发展壮大之路，先后建成了国内首条 TFT-LCD6 代线、首条采用氧化物半导体技术的 TFT-LCD8.5 代线、全球首条 10.5 代线以及国内最大规模 OGS 触摸屏生产线……京东方的扎根引发了连锁效应，彩虹、康宁、三利谱、住友化学、法国液空等一批具有国际影响力的新型显示产业龙头企业纷纷入驻。合肥一跃成为全球最大的显示屏产地之一。

产业协同带来了成本优化。而近几年来，伴随着集成电路需求的扩大，仅靠京沪深三地发展集成电路产业，已然不足以供给国内产业需求。

合肥敏锐地捕捉到时机，将目光投向"缺芯"这个关键点。2017 年，合肥市政府与兆易创新成立合资公司合肥长鑫，专攻动态随机存取存储器（DRAM）芯片研发生产。在合肥长鑫的引力下，大批半导体企业相继来到合肥。

以京东方、维信诺为牵引，合肥的新型显示产业实现了"从沙子到整机"的全链条布局，是国内产业链最完整、技术水平最先进的集群，65 英寸、75 英寸大尺寸屏全球出货量第一。

以长鑫存储、晶合晶圆等为龙头，合肥的集成电路产业引进集聚了联发科技、通富微电等一批重点项目，攻克了十纳米级动态存储芯片量产工艺，构建了从材料、设计、制造到封装测试的完整产业链。合肥"造芯"，2012 年集聚企业 20 余家，产值不足 10 亿元；2021 年，这两个数字已变成超 350 家、近 400 亿元。

合肥京东方

在新型显示产业的强势引领下，合肥的"芯—屏—端"联动发展。2021年中国大陆城市集成电路竞争力排行榜中，合肥位列全国第六，而智能手表、彩电、笔记本电脑等终端产品产量也进入全国、全球前列。

"中国声谷"与科大讯飞

除了新型显示器件、集成电路等产业颇为强势外，合肥的人工智能也入选国家首批战略性新兴产业集群，智能语音入列国家先进制造业集群。

如今，合肥人工智能产业链已集聚人工智能企业 1500 多家，产业规模突破 1000 亿元，初步构建了从基础应用技术、底层硬件、数据计算到智能终端及行业应用的全产业生态体系。

合肥的人工智能产业以科大讯飞股份有限公司、华米信息科技有限公司为龙头，在智能语音、可穿戴智能终端形成国际领先优势。

智能语音产业是合肥"无中生有""小题大做"的典范。1999 年，科大讯飞创立，中国语音产业从这里起飞。10 年前，科大讯飞的语音技术在中文领域刚刚达到可实用的门槛；在过去 10 年中，科大讯飞把语音技术的优势从中文领域拓展到了全球的 60 多种不同语言，将人工智能技术从能听会说，进一步延伸到了能理解会思考。

科大讯飞最初的创业团队就来自于中科大人机语音实验室。2005 年，为了进一步加强核心技术的投入，"讯飞研究院"正式成立了。

"多年来，讯飞研究院一方面在语音识别领域保持创新引领以及系统产品迭代，另一方面也快速将深度学习框架推广至语音合成、语音评测等其他方向。"科大讯飞的技术负责人表示，伴随着更多行业对人工智能产生的强烈需求，科大讯飞也陆续拓展并深入到更多的行业应用中，通过 AI 技术及其融合解决方案为各行业赋能。

科大讯飞不单单是一个平台，更是在做生态。

2021 年 9 月 18 日，安徽省经济和信息化厅与科大讯飞联合打造、市场化运作的羚羊工业互联网平台上线。截至目前，平台已集聚约 1 万多家服务商，用户总量超过 24 万户，服务企业达到 55.7 万次，平台交易总额接近 30 亿元，并入选国家级"双跨"工业互联网平台。

比如，在淮河能源丁集煤矿，通过羚羊工业设备卫士平台实现了对通风机电机、轴承等关键部件 14 余种故障的精确识别，点检负荷下降 80%、维修负荷下降 30%，解决了客户关键设备安全事故风险、运维成本高等问题。

依托科大讯飞打造的合肥智能语音产业集群"中国声谷"，2021 年实现主营业务收入 1378 亿元、入园企业达 1423 家，连续 5 年产值、企业数量增长率均超过 30%，跑出了惊人的"声谷速度"。

作为中国首个定位于人工智能领域的国家级产业基地，"中国声谷"在量子信息产业领域也有所建树。这里先后培育出国盾量子、本源量子、国仪量子三家独角兽企业，其中国盾量子还是国内量子第一股。此外，集聚了中电信电子、国科量子、云玺量子、机数量子等头部企业。截至目前，共聚集量子企业共 41 家，其中量子核心企业 13 家，归上企业 3 家，上市企业 1 家，独角兽企业 3 家。这里初步形成了涵盖量子通信、量子测量、量子计算、量子关键元器件的产业链条。

合肥制造，跑出加速度

这十年，合肥制造跑出加速度。

2012—2021 年，合肥的规上工业增加值保持年均 12.2% 的中高速增长，年均增速高于全国（6.3%）近 6 个百分点。其中 2021 年规上工业增加值增长 19.6%，居省会城市第 2、长三角主要城市第 2、GDP 相近城市第 1 位。

全球每新售出 8 台笔记本电脑，就有 1 台来自联宝科技。在联宝科技的"水星线"工厂，一台台自动化设备高速运转，员工们正紧张有序地忙碌着。作为联想在全球最大的 PC 生产基地，联宝科技成为合肥首个超千亿级制造业企业和全省首家进出口额破百亿美元企业。

阳光电源股份有限公司（下称阳光电源）的足迹，已遍及全球 150 多个国家和地区。这家"追光者"的成绩，只是合肥工业如日方升景象的一个缩影。阳光电源是国内最早从事逆变器产品研发生产的企业，2015 年起出货量首次超越连续多年排名全球发货量第一的欧洲公司，成为全球光伏逆变器出货量最

阳光电源逆变器生产车间产线正在有条不紊地运行（阳光电源供图）

大的企业，2021年出货量全球市占率30%以上。始终致力于清洁电力转换技术自主创新的阳光电源，聚焦光伏、风电、储能、新能源电控、充电、氢能等新能源主赛道，截至2022年6月底，全球累计逆变设备装机超2.69亿千瓦。

合肥光伏及新能源产业从无到有、从小到大，发展成为合肥主导产业之一。目前，已经形成玻璃基板—多晶硅原料—电池片—组件—逆变器—储能电池—发电工程等较为完整的光伏产业链。

近十年来，京东方三条高世代、晶合12英寸晶圆、维信诺AMOLED6代线、蔚来汽车总部、比亚迪整车生产基地、协鑫集成等一大批牵动性强、引领产业发展的重大工业项目相继落地，推动平板显示及电子信息、光伏、新能源汽车等产业快速形成具有竞争力的产业体系。

而合肥的亮丽名片——家用电器产业，也是全市首个迈入千亿元产值的产业。合肥家电"四大件"产量连续10年居全国城市首位，市场份额占全国

1/10，其中洗衣机、电冰箱占全国近 1/4。传统制造也在加速转型，合肥累计培育智能工厂、数字化车间超 1300 个，1.7 万家企业实现上云。

合肥的超百亿企业从 2012 年的 6 家增加到 2021 年的 13 家。在重点企业的拉动之下，战略性新兴产业飞速发展。

数据显示，2012 年以来，合肥的战略性新兴产业产值增速始终快于规上工业，2012—2021 年均增长 19.2%，占全市规上工业的比重由 2012 年的 24.4% 提高到 2021 年的 54.9%，对全市工业增长贡献率由 2012 年的 30.5% 提高到 2021 年的 71.6%。

合肥，从未停歇

70 年前，还是"小县城"的合肥，因"居皖之中"而成为安徽省会所在地。

尽管合肥是农村改革的发源地之一，但是在改革开放的初期，其发展速度和成就并没有在全国凸显出来。

工业曾长期是合肥的"短板"。新中国成立后虽从上海等地迁来一批工厂，但并无国家级大工业项目在此布局。

1989 年，合肥首次将"科教兴市"作为全市发展的基本战略；2004 年，合肥被科技部批准成为国家首个科技创新型试点城市。几代人才聚首在科教的火把下，让更多的科技工程，在这里相继开展。

2015 年 12 月，是合肥经济发展史上具有标志性意义的一个时间节点：合肥钢铁集团有限公司冶炼业务宣告停产。这家成立于 1958 年的国有大型钢铁厂，长期位居合肥市最大工业企业之列。

同在这个月，总投资 400 亿元的全球第一条 10.5 代液晶面板生产线在合肥动工，助推合肥迈向全球最大的新型平板显示产业基地。吐故纳新，这是合肥十年来深究产业方向、不断调整经济结构的缩影。

2017 年，合肥成为继上海之后全国第二个获批建设综合性国家科学中心的城市。科技成为合肥发展的强动力。目前，合肥已有、在建和预研大科学装置 12 个，能源、人工智能、大健康研究院组建运行，国内首个深空探测实验室投入运行。"悟空探秘""墨子传信""铁基超导""九章计算"等一批国际领先重大原创成果相继问世，合肥跻身全球科研城市榜前 20、世界区域创新集群百强。

10 年来，合肥的战略科技力量持续壮大，国家级高新技术企业由 2012 年的 615 户增长到 2021 年的 4578 户，增长 6.4 倍，科创板上市企业 14 家，居省会城市第 4 位。

（彭艳秋 文）

合肥手记：

靠的不是手气，而是手艺

这十年，合肥成为全国增长速度最快的城市之一，从内里来看，是脱胎换骨的变化。这种成长的内在密码是什么？

合肥工业大学经济学院万伦来教授认为，从外部机遇来看，合肥发展迅猛，与"中部崛起""皖江城市带承接产业转移示范区""长三角一体化"三大战略的奋力推进有关。

合肥是国内科教优势较为突出的地区，高校和科研院所集中，具备将科教优势转化成经济优势的基础条件。加之靠近长三角的区位优势，在产业承接上较内地省区市更加便利，能形成相对完整的产业体系。

1952年合肥确定为省会，但底子薄，基础差。2006年前后，合肥提出只有发展工业，才可能实现"跨越式发展"，并确定"工业立市"战略。当时的合肥如果仅靠自身力量很难培育出具有竞争力的产业，但借助全球供应链正在形成的机会可以绕过从头打造的艰辛过程。合肥抓住当时东部沿海地区产业转移至内地以及中部崛起国家战略机遇，聚焦家电产业供应链上的关键环节，引进重大项目、完成工业积累。

"此外，合肥这些年还有人口红利，本身人口较多，且有大量人口返乡。"万伦来说。

2021年末，合肥全市常住人口达947万人，较2012年的788万人增加159万人，增长20.2%，年均增长2.1%，比全国高1.7个百分点。产业与人口形成良性循环，有更多的产业平台、就业机会，才能吸引越来越多的人才。

从内部自身选择看，"合肥模式"尤为关键。

合肥在京东方项目上的成功，包括后来切入芯片制造、新能源汽车领域，这被外界誉为政府培育产业的"合肥模式"。合肥通过投资那些被认为对中国未来发展非常重要的产业和科技公司，实现了快速增长。

站在当时的角度，投资京东方、兆易创新和蔚来这三家企业并不算稳妥。但是，面对着既有结果来进行归纳总结，可以看到它们背后有着某些相似的属性。

此前，中国的液晶面板几乎完全依赖进口。芯片作为进口的最大项，过去几年每年需为此花费超过3000亿美元，其中又包括超过800亿美元用于内存芯片。经历过早期新能源汽车的混乱发展，国内厂商中依旧缺乏一个立得住的高端自主品牌。

正因如此，这些产业赛道也受到了国家关注。合肥从国家战略的角度挖掘产业机遇，以这些企业为引领，又吸引了一大批项目陆续落户合肥。

一定的区位优势、政策机遇，加上对微观企业的精准判断，带来了合肥的蓬勃发展，也带来人口的增长。

敢闯敢试不等于鲁莽无脑，合肥是如何最大程度规避风险的？

"靠的不是手气，而是手艺。"

为了能与企业在一个频道对话，合肥从市领导到普通招商人员，都在深入学习研究产业投融资政策、行业发展报告、上市企业招股等各种与产业相关的信息，合肥打造了行业专家级官员团队。另外，通过政府高校常态化互派挂职机制，也培养了一批产业招投专业人才。

比如，合肥在决定投资蔚来之前，通过"四条战线"对蔚来进行考察：一是积极对接国投招商等专业投资机构，对蔚来的技术、供应链和市场等进行全方面的研判；二是高度关注国家政策导向对引进项目的支持情况；三是委托专业法务和财务机构等对企业进行全面的尽职调查；四是和企业开展详细、周密、严谨的商务谈判。

"合肥对蔚来的投资与支持反映了合肥市对于发展中国智能电动汽车产业的高瞻远瞩，也彰显了合肥敢于承担风险的勇气和魄力。这个过程中，合肥相关部门从对项目的前期科学论证、精准风险研判，到快速决策响应、构建多元资本筹建方式，再到后续的配套工作等，一系列工作都体现出其对智能电动汽车产业的专业理解与担当。"蔚来是这样评价合肥的。

对于企业来说，也是如此。他们也需要建立起对政府的信任。然而，这种信任仅靠承诺和资金是不够的。企业那么多资金投入进去，如果当地官员不懂产业又不懂政策，那么长的周期，企业会担心。最终，都是落到纸面的协议，协议约束得越严谨，后期履约才越可靠，才越能降低不确定性。

因此，对产业规律的了解，既能够帮助政府自身最大程度地规避风险，也能建立企业对政府的信任。

对企业的判断，合肥有自己的工作方式；合肥也创新了产业投融资模式——组建专业化国资平台、撬动更多社会资本、构建国有资本退出机制。

企业，是城市创新的载体和发动机。除了外部引进的企业，合肥还有一大批本土的科技企业。

"长久以来，我们一直坚定践行'顶天立地'的发展理念。'顶天'是源头技术要做到全球领先，紧跟国家战略需求；'立地'是要推动技术大规模产业化，能够面对老百姓日常需要。"科大讯飞董事长刘庆峰表示，创新融于科大讯飞的基因血脉。科大讯飞最初的创业团队就来自于中科大人机语音实验室，到 2008 年，科大讯飞成功上市，成为当时中国语音产业界唯一的上市企业，也是中国第一家在校大学生创业的上市公司。

创新，是合肥奔跑的注脚。这些合肥的本土企业与"以投带引"的企业，一同助推这座城市向前。

如果说合肥带给我们什么启示，那么应该是：了解并尊重产业规律，建设有为政府和有效市场，用市场逻辑推动产业发展。

（彭艳秋 文）

宁波 单项冠军之城的别样晋级路

浙江宁波舟山港穿山港区

宁波，取"海定波宁"之意。

宁波近十年的经济数据却不平静：经济总量从全国第 16 位跃居第 12 位，工业增加值更是升至全国城市第 7 位，规模以上工业总产值突破 2 万亿元，晋级全国第 6 座"外贸万亿之城"。更值得一提的是，截至目前，宁波全市累计拥有国家级制造业单项冠军企业（产品）83 家，继续位居全国城市首位。

这些变化是如何发生的？宁波的制造业为何如此强势？企业有怎样的变迁？宁波近年是如何成长为制造业"单项冠军之城"并稳固这一称号的？

"真正制造业就是需要沉淀和积累，一米宽百米深"

"宁波造"是制造领域不容忽视的存在。

宁波永新光学股份有限公司（下称永新光学）的成长之路，是宁波"单项冠军"制造企业进化的一个缩影。

1997年，著名"宁波帮"人士、香港实业家曹光彪投资"宁波光学仪器厂"，2005年投资"江南光学仪器厂"，逐步将两家企业发展为现在的永新光学。作为光学显微镜和精密光学元组件的研发生产厂商，永新光学专注在光学显微镜、医疗光学、条码机器视觉、车载激光雷达几个领域的应用。

"整个工业是一条龙，仪器仪表是龙的眼睛。"永新光学联席董事长、总经理毛磊介绍道。

20多年过去，永新光学从一个只能生产传统教学显微镜的集体企业发展为中国光学细分行业的领军企业，而这绝不是一个"突飞猛进""一蹴而就"的结果。

"嫦娥四号"登月镜头为宁波永新光学股份有限公司生产

永新光学技术人员在开展产
品检测（永新光学供图）

1997 年—2007 年，永新光学通过与莱卡、蔡司等国际领先企业的持续合作，开拓了国际视野，也沉淀出高端产品设计和生产能力。

然而，仅仅依靠为领先企业加工与组装，利润微薄，也无法应对多变的国际环境，代工企业的转型升级刻不容缓。

永新急寻突破，对内实行"三多三新三提高"（一人多机、一人多岗、一人多技，新产品、新技术、新方法，提高员工素质、提高生产效率、提高整体效益）的"333"创新增效工程，对外与国内高校院所开展了产学研技术合作，还通过参与国家重大工程进行研发学习来探索前沿技术。

近些年，努力结出果实。"嫦娥二、三、四号"的部分星载光学镜头，就是永新光学与浙江大学联合研制的。

2016 年，永新光学主导承接的科技部"高分辨荧光显微成像仪研究及产业化"项目，填补了国家在百纳米分辨率领域显微镜产业化的空白。2019 年，永新光学联合浙江大学开发的《超分辨光学微纳显微成像技术》突破超分辨成像对荧光普适性的限制，实现了亚百纳米级光学显微成像，获国家技术发明二等奖。

从代工到产学研联合研发，再到参与国家重大项目探索前沿技术，永新光学走出了清晰的技术学习路线。"真正的制造业就是需要沉淀和积累，一米宽百米深。"毛磊说道。

制造业的另一种技术成长路径

永新光学所在的鄞州区，汇聚了均胜电子、乐歌股份、博德高科等一批知名制造业企业。它们大多埋头在一个细分领域，深耕多年。

与永新光学不同，宁波博德高科股份有限公司（下称博德高科）的技术进化是另外一条路径。

压铸模具、冲压模具、注塑模具……制造一辆汽车，需要的模具可能在2000套左右，模具看似不起眼，却在机械、轻工、电子、通讯、化工、冶金、建材等行业起着至关重要的作用，而一套精密模具加工图纸出来后，离不开高精密的切割丝，这根精细到几乎看不见的"丝"，通上电后锋利无比，变成神奇的"锯子"，实现对模具主板、成型零件、刀口冲头等的加工。

2015年，博威集团成功收购德国贝肯霍夫公司，并与之联合成立了博德高科，沿袭了德国的技术、标准，从过去以中低端的黄铜丝为主，到推出更为高端的镀层切割丝，从原有的0.33mm做到0.015mm，切割加工的精度达到微米级别。

在高端铜合金领域，博威向国际领先企业看齐。过去，寻找新材料，是凭直觉和反复试验不断试错；随着化学复杂性及不同成分组合可能性的增加，不断试错方法的实用性正在降低。

如果靠传统试错方式缩小和国际领先企业的距离，难度很大。博威在4年前，开启了数字化研发，依靠在特殊合金领域20多年深耕积累的研发数据，利用仿真和机器学习技术，将现实中产品生产的全流程设备工艺搬到了数字世界中，并与现实中一一对应，提升了产品研发效率。

而海天塑机集团有限公司（下称"海天集团"）的技术升级路径，也可以作为一个重要的样本观察。从小五金厂，到全球最大的注塑机生产商和先进塑机技术提供商，海天经历了近半个世纪。

博德高科车间（博德高科供图）

2021 年，海天塑机全年出口量首次突破 1 万台，走过了一条从生产塑料凉鞋及装备，到注塑机应用于航空航天等领域的路，年产值超 200 亿元。

"海天集团抓住了两个机会窗口。一次是从小型液压到大型液压，抓住了机会先上了一个台阶；第二次从液压机到电动机，又上了一个台阶。这家企业很善于抓住技术变革的节奏。"宁波大学商学院教授彭新敏总结道。

20 世纪 90 年代，中国经济的开放带来规模庞大的塑料加工设备市场需求，吸引了世界领先的注塑机跨国企业来中国投资生产。在这个过程中，海天通过与德国公司合作，研究消化吸收了高性能的大型注塑机技术。

进入 21 世纪，注塑机开始向高精密度方向发展。国外注塑机企业熟悉中国市场后，在一些高端技术的转让态度上越来越谨慎，海天就在企业内部开始了对全电动注塑机的自主探索。

但由于技术尚不成熟，客户购买的产品在使用一段时间后，频频出现机器运行稳定性差、故障率高、制品精度低等问题。

为了突破全电动注塑机技术瓶颈，海天决定采取跨国并购进入全电动领域。2007 年收购德国注塑机研发公司长飞亚。通过中德工程师的共同努力，突破性技术得以解决，机器性能得到提升。

此后，海天又通过多种方式不断"进化"。比如与北京化工大学共同完成了国家科技支撑计划重点项目，解决精密塑料注射成型的关键工艺。

宁波那些"进化"路径不同的"单项冠军"企业，事实上都经历过技术研发缓慢甚至停滞的阶段。困顿中，各显神通。他们或自主探索突破技术封锁，或与高校共同研发，或参与国家项目开发前沿技术等。

创新正是在这个过程中锻造打磨。

自 2017 年以来，宁波围绕单项冠军企业培育，开展两轮升阶式的系统谋划，形成了"'四基'产业—单项冠军企业群体—单项冠军之城"的升级发展路径。宁波扎实的产业基础、政府对科技研发项目的政策支持，也为企业的发展营造了良好氛围。

蓬勃生长的创业新星

在宁波，不仅有一颗颗"单项冠军"明星，也有大批冉冉上升的新星。这些新兴的创业企业，正蓬勃生长。

在甬江之畔，宁波大央科技有限公司（下称大央科技）从 5 人团队起航，一头扎进病媒生物精准防控领域的创新研发中，在这个细分行业深耕细作十余年。

2012 年 3 月，大央科技第一代植物精油驱蚊缓释片成功研发出炉，驱避率达到预期效果并进入市场。2015 年 6 月，大央科技自主研发的 LED 灭蚊灯泡面世，获 9 项专利，打开了欧美市场；2017 年，大央自主研发的灯珠封装技术面世……

与国内大部分企业销、产、研的顺序不同，大央科技是先研发，再生产销售，"前几年我们会比较辛苦，这几年在技术方面，其实越来越顺利。"创始人郑军表示。

"新星们"朝气蓬勃，宁波的生机与希望也因此清晰可见。

传统产业转型的"宁波思路"

新兴领域的企业不断寻求技术突破，宁波的传统制造业转型升级也提供着"宁波思路"——价值链端攀升的同时，又保留了原来的制造优势。

"一方面企业会加强品牌和研发，这两端附加值高，占据价值链的高端，同时在制造这端又不放弃。不放弃主要是两种路径，一种是宁波本地劳动力成本高，就依靠更多先进数字化的支持，另一种可能就是制造环节转移到其他地方，以此来保持劳动力成本的优势依然在发挥。"彭新敏说。

改革开放初期，宁波作为沿海"三来一补"的桥头堡之一，迅速跃为"制衣王国"。这里诞生了提供从面料织造、染色、印绣花、裁剪缝纫一站式服务的服装代工巨头——申洲国际，也崛起了雅戈尔、太平鸟、爱伊美等自主品牌服装企业。

2000年前后，太平鸟集团将资源资金倾斜于研发、设计和销售，剥离制造业务，走了一条轻资产、强品牌、重创意的路子，近年，太平鸟和华为合作的数字化转型，也在展开；在慈星股份有限公司，一线成型电脑横机转起来，一根纱线进去，不到一小时，一件衣服就完整地出来了；雅戈尔也打造了数字化智能化样板工厂。

变迁升级也同样反映在宁波的家电、汽车及零部件等核心传统产业。比如，原来做压铸车身的宁波拓普集团股份有限公司，近几年发力汽车电子，做起汽车的热管理系统，市值近千亿。

近十年间，宁波把壮大实体经济作为主攻方向。制造业于城市的重要定位，宁波从未放松，政府有意识地在引导传统产业往先进制造业发展，从简单的传统机械向现代化、电子化、智能化、数字化去转型。

不同行业领域、不同企业创新能力不同，智能化生产技术条件不同，在条件允许的情况下，宁波采用了分层级推进分类指导的方式。

回顾 2012 年，浙江省在全国率先开展机器换人行动，引导、激励制造工厂用机器替代简单、重复、高强度、高风险的岗位。至此，一场制造车间内的变革在浙江全省展开。

随着时间推移，机器换人解决的只是生产制造过程中的自动化问题。2017 年开始，宁波启动规上工业企业智能化诊断和技术改造三年"两个全覆盖"行动，通过开展打造智能制造点线面模式，推动完成更高阶的智能化改造目标。

浙江吉利控股集团有限公司电动汽车子公司极氪（Zeekr）公司

核心做法是，在点上，鼓励企业针对关键生产工序和关键工艺环节开展机器换人；在线上，鼓励企业开展自动化、智能化生产线改造；在面上，不断引导与鼓励企业建设数字化车间／智能工厂等。

很快，在最初点线面分层级推进的模式下，智能化改造理念在宁波的企业间加速渗透并发挥出效应，为制造业来了一次全新升级。

目前，围绕"打造全球智造创新之都"的目标，宁波启动智能制造提速创新行动，引领更多有条件的制造业企业主动智变升级。《宁波打造全球智造创新之都行动纲要（2022—2026年）》中就聚焦了多个重点领域零的突破。

宁波的机会来了

宁波山海相依，书藏古今，港通天下。先民涉海的木桨，见证着数千年逐海而居的追寻，余姚江、奉化江汇合成甬江，滔滔而去，流入东海。

三江穿城，交汇处为"三江口"，围绕于此，宁波生生不息。

1984年，宁波市开放，1987年，宁波成为国家首批计划单列市。凭借着港口资源与地理条件，以及"宁波帮"人士的助力，曾经是海防前线的宁波，成为中国对外开放的"桥头堡"。

如今，长龙卧波的杭州湾跨海大桥，更是延伸着新时代的因海而兴和"跨越梦想"。

一系列的数据说明，"宁波的机会来了"。

从第16位到12位，这是宁波经济总量的迅速跃迁。2021年，宁波规上工业总产值首破2万亿元，居浙江首位；这一年，宁波实现工业增加值6298

亿元，升至全国城市第 7 位。2021 年，宁波位列"中国先进制造业百强市"第六；规上工业企业数现已突破 1 万家。

这些数据，体现着宁波的工业立市定位之准，经济质量之高。

传统制造业向品牌化、智能化、数字化转型，"单项冠军"企业专注赛道迈向"更精"，新星企业技术市场"两手抓"……宁波制造，还有更长的路要走。

（彭艳秋 文）

宁波手记：

宁波路径的鲜明基因

沿海而居，海洋孕育出宁波人的冒险精神和危机意识，同时又塑造了宁波人的开放。

有人说："与其他商帮不同的是，宁波帮一直站在中国商业的高峰，至今也没有被淘汰。这些从小闻惯了海腥味的人们，既带着商业的精明，又不失书生的道德操守。"

宁波的制造业，事实上，早已闯出名气。对此，有三个问题值得深思。

其一，为何宁波的"单项冠军"企业众多？

宁波大学商学院教授彭新敏对这个问题有着独到的看法。在永新光学，不时就能听到"永新人"提起彭新敏教授对他们"阶梯式技术学习路径"的总结。他调研过宁波多家制造业企业，并且潜心研究企业的"进化"、追赶与超越。

彭教授认为，宁波的单项冠军企业多，可能主要是三个原因。

首先，宁波是中国首批对外开放沿海城市和计划单列市，沿海开放城市的地域因素带来繁荣的贸易。地域、港口带来天然的外贸优势，加之中国制造的产品性价比高、服务好，内外因下，外部市场带动了制造业的发展。

其次，宁波企业中民营企业占比很高，体制灵活但资金实力往往较为薄弱，这也就决定了很难去发展需要重资本投入的项目，因此会更多聚焦于细分市场。这是民营企业的特点——细分市场，做精、做深、做透，时间长了，就容易出现"单项冠军"，这与企业的产权性质有关。

最后，文化上的因素也不能忽视。"宁波帮"在民国时期就走南闯北，去上海去香港，去各地发展事业，造就了发达的制造业，敢为人先，同时也比较务实和低调。

在永新光学时，"永新人"非常坦诚地说："国外的显微镜已经有两三百年的历史，国内其实是上世纪五六十年代才开始生产，差距肯定是存在的。但是这几年，我们的技术在快速进步，可靠性也在增加。"

他们认为，还是要内部鼓励创新、鼓励市场经济和企业家精神，"另外也要争取足够的时间"。

知晓并面对真实客观的情况很重要，因为直面真实，并不意味着消极怠惰，而是"后勇"，也才有后来的"技术快速进步""可靠性在增加"。

在宁波，人们会反复说，"宁波人务实、善于解决问题""骨子里有经商天赋"。在冒险精神、危机意识之外，这些特点恐怕是宁波"单项冠军"企业、"小巨人"企业众多的重要内因。仅有内因，肯定是不够的，地域文化之外，地理条件、民营经济基础等等，这些合力才能够塑造现在的宁波。

其二，制造业真的可以通过"弯道超车"实现技术进步吗？

这可能与产业的特性有关。因为，每个产业的技术变革频率、速度、幅度有所不同。

对于类似显微镜等精密的、需要长期积累和积淀的行业，重要的不是产品设计有多新颖，更为重要的是工业上的创新。"像光刻机一样，即使给你现成图纸，也做不出来，因为这其中工艺的稳定创新包含的是很多经验和知识，没办法快速显性化，需要依赖有成熟经验的老师傅，这部分时间是没办法压缩的。"彭新敏说。

海天集团的技术进化路径非常典型：民营企业灵活的制度优势使之技术国内领先、与跨国企业合作来吸收技术、技术封锁下自主研发探索、遭遇技术瓶颈时通过收购来突破、与高校合作进行技术研发、参与国家重点项目过程中进行技术探索……从原来的小五金厂，经历了漫长的近半个世纪，成为全球最大的先进塑机技术提供商。

据了解，海天对创新一直非常重视，并不是通过劳动力的低成本来获得竞争优势。在早期，海天就邀请上海的专家来进行指导，十分尊重知识、尊重技术、尊重创新。此外，善于利用全球最好的创新资源及充分利用国内超大规模的市场，也是海天进化不能忽视的因素。

而对于另外部分企业来说，产品的竞争力可能依靠的是大规模标准化生产，更重要的是规模大、成本低带来的优势。此外，在如精密机械板块的信息化数字化方面，也是可能实现超越的领域。

至于人们常说的，中国在新能源汽车赛道实现"弯道超车"，事实上，从传统汽车工业到新能源汽车，实现的不是"弯道超车"，而是"换道超车"。

其三，宁波的韧性究竟从哪里来？除了企业及企业家们的顽强意志，宁波有没有与其他城市不同的客观因素？

浙江整体民营经济发达，民营经济很重要的特点，就是本地"嵌入性"好。据彭新敏的观察，宁波很多企业因为世代根植于此，与当地人群、社区、政府事实上形成深深嵌入融合的关系，这在所有制的结构上，与以外企、国企为主的城市，会有不同。

"因为本质上，企业也是一个组织，需要和外部环境互动。宁波的企业往往生根于此，成长于此，成功于此。很难说经济不好了就换个地方或哪里成本低利润高，就跑去哪里，即使在外面建分厂，也不会离开本地。"

一座城市的绝大部分企业信守长期主义，这会共同铸造一个"稳"的底盘，形成环境的合力。当风险来临时，就意味着，不再是单单依靠一家企业的力量，而是用整个区域的力量来抵御风险。这也是宁波制造发展的鲜明要素。

（彭艳秋 文）

台州

草根经济
如何批量诞生
单项冠军

台州黄岩夜景风光

改革开放以来，江浙地区孕育出了著名的"苏南模式"和"温台模式"。"台州是典型的本土草根经济发展起来的样本。"浙江工商大学区域经济研究所所长倪树高说。

上世纪 70 年代，地处台海前线的台州，工业经济还相当薄弱，主要有食品、水泵、五金、塑料、化工、医药等中小型国有、集体制造企业，以配套台州当地经济民生之所需。这些企业成为改革开放后台州民营经济成长的"摇篮"。从这些企业走出来的人员，利用所学的技术、管理经验，纷纷走上创业之路，并吸引当地民众参与，由此逐渐在台州大地上成长出一批块状经济。在市场的历练中，块状经济逐步演化为由多个企业围绕某一产品（行业）分工协作而成的集群产业。

经济学家钟朋荣曾形象地把台州的这些块状经济称为"小狗经济"，即细致分工、严密合作，专业化精细化程度极高。从白手起家，到国内外细分市场占有率第 1 的产品数量超 300 个，台州的"小狗经济"，走出了自己的特色。

近十年来，台州制造快速发展。"草根经济"，在数量、体量、质量上，已然壮大繁茂为"树根经济"。

2021 年，台州拥有制造业企业 7.3 万家。其中，上市公司有 65 家、国家级制造业单项冠军 11 家、国家级专精特新"小巨人"32 家、国家级技术创新示范企业 2 家。台州培育了吉利、华海、海正等一批国内外知名企业，工业增加值从 2012 年的 1283 亿元增长至 2021 年的 2162 亿元，年均增长 6.8%。

发端于改革开放

浙江大学史晋川教授表示，台州是中国改革开放以来区域经济社会发展最为迅速且最具自身特色的地区之一，"台州民营经济发展是靠市场推进和政府增进的，用现在的话就是有效市场和有为政府"。

南以雁荡为屏，西以括苍为巅，东面抱海，三面环山，使台州几乎与浙江其他城市相隔绝。然而，"穷则思变"。温台因地处东南部沿海，海洋文化孕育出四海为家、喜欢闯荡的个性。

开办工厂、家庭小作坊、外出做生意，成为温台两地最为常见的谋生方式。精明、敢于闯荡，市场意识浓厚，一旦政策宽松，他们想方设法闯市场、学技术，走上了制造业的发展之路。改革开放后，从集体经济企业里出来的供销员、厂长经理、技术骨干们也奔赴不同的行业，点多面广扩散开来。

民营经济是台州制造的底色，台州的企业起初往往个头小，做的产品小。

然而，民营办市场、开银行、造汽车、做智能马桶盖……在市场经济很多领域，台州都是"第一个吃螃蟹的人"。

在温岭，小型水泵的产量占全国市场的三分之二，井用潜水泵、农用潜水泵、家用屏蔽泵等多个品类产量全球第一。温岭的机床装备产业集群发展被工信部树为全国新典型，温岭鞋业被誉为"天下之履，十有其一"，汽摩配件享誉在外。

路桥区乃至台州市的汽车产业、摩托车产业，萌芽在李家村。李书福从路桥区路南街道李家村创业起步，最开始开照相馆、生产冰箱、做装潢材料，再到后来制造摩托车，最后创办民营汽车吉利集团，写就了从台州起步并走出台州的故事。

此外，玉环的轴承、家具，三门的变压器，天台的汽车内饰，临海的医药、休闲用品，黄岩的模具、塑料等，都走出了自己的特色发展之路。在台州，民营制造企业形成的集群繁星点点。

机电装备、汽车零部件产业升级

"时至今日，台州的轻工在市场上仍然具有较高的竞争力。只是随着需求结构、出口行业竞争结构的变化，机电装备、医药化工等行业，发展的速度更快。"倪树高说。

温岭的机床装备产业是从最初修旧机床开启的。"模具的生产在台州特别普遍，从工艺流程来讲，最初成长的时候，技术门槛不高，所以农民都能去做，慢慢做大了，越来越丰富。"

倪树高介绍，机床是做其他各种机电类产品的母机，台州的机电类小商品很多，因此人们会去收集旧机床，通过收集和维修旧机床，慢慢培育出了自己的机床生产工艺。

到如今，台州拥有机床产业大脑集成链接全省 4000 多家上下游企业，数字化改造覆盖率超 80% 以上，有 10 多项专利技术填补国内空白。

由于广泛丰富的零部件自我供应系统，台州的机电装备类产业在全国占据重要地位，也是近 10 年中国制造发展的一个缩影，且体现了产业集群的演变规律。"产业升级叠加新材料，才能做出更加精密、尖端的零部件。最后工业的竞争就在于精细，稳定地做出精细的产品。"倪树高这样说。

依托模具的产业基础，台州也成为国内汽车零部件的重要供应地。从塑料类到铁类到合金类、光电类，越来越丰富。与此同时，汽车零部件产业也使得台州的零部件业扩容提质，拉动台州制造业总量的扩张和结构的升级。

而信息技术对台州机电装备类产业工艺流程的改造、企业之间的分工分化创新，都带来了很大的促进作用。"信息化天然与机电装备类是可以融合的，所以台州的行业特色使其在数字化改造的路径中，明显领先于其他地方。"数字赋能下，更多的集群开始走向智能化生产。

2021 年 8 月，黄岩模具（塑料）产业大脑应运而生，通过打通产业链上下游，整合线上 3000 多家模具生产加工企业，实现数字化集成化生产，模具订单可以按照询价机制、报工率、上机准时率、延期率、超时率等各个指标精准匹配到各加工单位，提高生产效率。

而经过多年的深耕、沉淀，温岭的传统产业也在以数字经济为引领实现转型升级。以利欧、新界为代表的泵与电机，以北平机床、东部数控为代表的机床工具，以钱江摩托、跃岭为代表的汽摩配件，以石林、宝利特为代表的鞋业等，也走出了一条先进制造业突围之路。

近年来，台州在汽车零部件、泵与电机等传统制造业重点领域实施"机器换人"，推广应用工业机器人，生产的自动化水平大幅提高，也走向智能制造。

浙江双环传动机械股份有限公司创建 40 多年来专注于机械传动核心部件——齿轮及其组件的研发制造，已成为全球最大的专业齿轮产品制造商和服务商之一。其打造的"双环传动"新能源汽车零部件未来工厂，上榜 2022年浙江省第一批未来工厂名单。

台州实施"数字＋制造"转型发展，构建"产业大脑＋未来工厂"为核心引领的"新智造"体系，在建 8 个省级产业大脑，数量居全省第 1；省级"未

在位于浙江省台州市仙居县经济开发区的兴宇汽车零部件股份有限公司车间内，工人在生产线上作业。

来工厂"、省级智能工厂数量居全省前列。除了"双环传动"，沃尔沃台州新能源整车未来工厂、爱仕达金属炊具未来工厂、杰克智能缝制设备未来工厂入选了2021年浙江省"未来工厂"名单。

台州医药的优化转型

除了机电装备，医药产业也是台州的一个重要标签。

台州是全国唯一的国家级化学原料药出口基地，化学原料药出口占全国1/10，有医药上市公司约20家，占全省的30%，已形成化工原料—中间体—原料药—制剂的完整产业链，仿制药通过一致性评价数、国家集采中选数均居全省第1。

"台州的医药健康企业，起步于小药厂，扩展到医药中间体，到目前致力于做成品药，走生物医药加中间体的路径，越做越精，越做越专。"倪树高说。

上世纪90年代，随着化学产业梯度转移，产业趋于成熟，利润逐渐降低，原料药的生产中心逐渐从发达国家转移到发展中国家。"包括中国的台州及印度的部分城市承接了这个产业"。

随着国内民营资本力量的增强，医药中间体、医药化工在台州快速发展。尽管大部分布局在滨海环境容量较大的地方，但医药中间体行业的污染依然存在。

因此，台州近10年来医药化工行业努力从以中间体为主，往成品药、生物医药的方向转型。医药企业结构也逐步优化，集聚明显，形成了以华海药业为代表的临海区块、海正药业为代表的椒江区块、天宇药业为代表的黄岩

台州椒江医药园区

区块、仙琚制药为代表的仙居区块、圣达药业为代表的天台三门区块等五大主要产业版块。

工业缝纫机的智能化变迁

改革开放之初，台州人靠敢闯敢做走在前面，解决了"有没有"的问题，占得先机，在不同程度上发挥着企业家所承担的整合和聚集各种生产要素的社会职能，创造了物质财富。

而如今，附加值、科技含量，成为产品激烈竞争下的重要衡量指标，物质生产已走向产业更高层次阶段。

浙江省人民政府特约研究员周德文表示："土地、劳动力、资本要素是边际效益递减的，但是技术驱动是可持续的。"他说："需要通过内部自主转型升级积极谋变，促进产业有序转移，优化区域产业链布局，才能更好地

杰克股份车间的自动化机械臂正在进行成品打包（杰克股份供图）

应对日益严峻的竞争环境，形成具有更强创新力、更高附加值、更安全可靠的产业链供应链。"

杰克科技股份有限公司（下称杰克股份），从小作坊起家，20多年来一路小跑，发展为全球缝制设备的领头羊。从昔日几间破旧的校舍起步，其间经历多次行业潮起潮落，杰克股份坚定聚焦缝纫机主赛道，回归最核心的基础技术，追求单机（裁剪、铺布、吊挂、缝纫等）性能、稳定性和可靠性。

"与此同时，中国服装产业正在走向规模化，仅依靠单机已经不能满足很多客户的需求。"杰克股份的技术负责人表示。

缝制设备的成套智联化是未来的行业趋势。杰克从仓储、裁剪到缝制，一直到后面的分拣再到成品仓储，从工控软件到IOT（物联网）以及MES、WMS、APS以及设计端的软件，构建了从硬件到软件的一系列成套解决方案。而杰克股份所在的椒江是全球最大的工业缝纫机生产和出口基地，拥有

500 多家缝制设备生产、配套企业，年产值达百亿元。

近年来，椒江实施数字经济"一号工程"，出台专项政策，培育优质数字经济制造企业梯队，搭建缝制设备创新服务综合体，建设智能缝制产业工业互联网平台，龙头企业引领，产业链上下游企业协同进行技术攻关，推动缝制设备智能化转型。

目前，九成以上椒江产的缝纫机均搭载了电控"数字大脑"，可以实现自动抬压脚、自动剪线，有些还配备了液晶显示屏，设置了语音播报等功能。

（彭艳秋 文）

台州手记：

山的硬气，水的灵气

台州高校资源不多，"但企业务实地利用市外的各种科研力量，灵活组合各方面资源来推进创新。企业本身有极强的创新自主性和极大的创新积极性，会盯牢零部件什么地方设计更好，用什么原材料最好，工艺流程中哪个细节可以磨得更精密。"浙江工商大学倪树高说。

台州乃至浙江的区域创新系统中，企业是创新的核心环节。

倪树高认为，"科技创新不是安静地在某一个地方发生，实际上是互动当中灵活地、讲实效地在发生。空间距离实际上通过灵活的市场化运作被克服掉了"。

多年的摸索、创新、积淀，使得台州拥有31个工业行业大类、21个产值超百亿元的产业集群、68个国家级产业基地，形成了汽车、医药、缝制设备等一批在国内外具有较大影响力的主导产业。

台州是硬的。台州的古城墙气势轩昂，临海老城古韵沧桑，也与婉约的江南景致似有不同。若追溯台州的历史，能够发现，台州人的祖先大多是外地移民，他们逃难而来，背井离乡，刀耕火种，骨血之中流淌着倔强的基因。台州人骨子里是进取的，不服输的。

"台州的创新动力源背后更有台州人的精神，这里有山的硬气，水的灵气，海的大气和人的和气。台州的地方文化奠定了台州这些年持续精进的精神力量源泉。"倪树高总结道。台州就是不缺求实发展、开拓创新的勇气和耐力。

（彭艳秋 文）

无锡

太湖明珠
如何让"芯火"
燎原

清名桥古运河之夜

1960年8月，在无锡北塘区棉花巷，这里诞生了一家江南无线电器材厂。

当时，整个国内半导体工业相较薄弱。作为地方区办小厂，江南无线电器材厂新生两年，就受制于设备、材料供应、销售受阻等因素，面临关门窘境。

1962年7月，江苏省委领导前来工厂视察，曾说："生产高、精、尖产品和代表发展方向的企业，不能一概撤掉，如果撤掉了今后再建就更困难了。"这一番话，给了大家将工厂办下去的决心。

彼时看似濒临倒闭的"小工厂"，正是日后无锡集成电路领军企业华晶和华润微的前身，也是中国集成电路产业史上最早的一抹身影。

放眼无锡，这座"太湖明珠"地处长三角几何中心，同时北倚长江，南滨太湖，坐拥惠山，交通便利。在自然与人文历史"软实力"背后，无锡也是硬核的制造业重镇。它不仅是中国近代民族工商业的发祥地之一，也是中国集成电路产业重要发源地。

"说它（无锡）是中国集成电路黄埔军校也不过分，具有很长历史，是中国集成电路产业的重要基地。"中国半导体行业协会集成电路设计分会理事长、清华大学集成电路学院教授魏少军说道。

过去 10 年来，无锡集成电路产业营收从 2012 年的 516.2 亿元增至 2021 年的 1783.05 亿元。如今，这座城市已成为全国少有、产业链布局完整的集成电路产业集聚地，稳居中国集成电路产业第一方阵。这些成就离不开无锡产业的多年沉淀，以及产业人"芯火"相传的精神。

从"棉花巷小厂"到产业集聚地

尽管江南无线电器材厂几经变迁、更名，但给当地产业人留下最深刻印象、最响当当的名字还是"华晶"。

成立于 20 世纪 60 年代初的江南无线电器材厂，1963 年被国家第四机械工业部收归国有，更名为国营江南无线电器材厂（即国营第 742 厂）。

"742 厂是国内半导体南方基地，当时承接了很多国家工程，'六五''七五'期间的工程。"华润微电子有限公司（下称华润微）董事、财务总监兼董秘吴国屹讲述道。

742 厂发展过程中最值得一提的工程，当属中国首条成套集成电路引进线。

"中国 1978 年引进这条线，是为了配套发展中国彩色电视机市场。项目最终落户在江苏无锡，并且引进线的建设、运行后来取得了较好的社会和经济效益。"中国半导体行业协会集成电路分会、江苏省半导体行业协会办公室副主任翁明明说道。

翁明明表示，正因为"引进线"取得了较好的效益，项目在无锡周边、以及江苏省和全国范围内形成了一定的产业生态。"1989 年，国家决定成立江苏省半导体行业协会，协调产业之间的分工、价格，以及同质化竞争等内容。这是比中国半导体行业协会成立还早的全国性专业化协会。"

同年，在 742 厂几经合并、重组后，中国华晶电子集团公司（下称华晶）成立。

"上世纪 90 年代，华晶承接了 908 工程。工程的实施，为国家培养和锻炼了大批集成电路的专业人才，探索了中国微电子工业发展的道路，也为无锡集成电路产业发展奠定了很好的产业基础。"吴国屹谈道，"无锡半导体产业能有今天，跟当时的华晶是分不开的。"

据江苏省行业半导体协会统计，目前仍有百余位"华晶"人奋斗在中国集成电路产业链重要岗位，包括中芯国际、华虹宏力、长电科技等。

无锡芯朋微电子股份有限公司（下称芯朋微）董事长张立新自 1988 年毕业后进入华晶，参与了 908 工程。该工程是中国第一次发起对集成电路产业大规模、先进水平的集中冲击，核心是建成一条月产 1.2 万片、6 英寸、0.8—1.0 微米的芯片生产线。工程自 1990 年提出设想至验收，历经 8 年。曾有人评价，该工程"投产即落后"。

"908 工程前是计划经济，产业由国家项目主导。华晶当时发展较好，是无锡集成电路产业的一面旗帜。"张立新说，工程恰逢向市场经济转换的

华润微电子有限公司总部（华润微电子供图）

年代。因为工厂设备等大量固定资产折旧较大，加上投资不足、银行贷款利息，所以很容易财务亏损。"项目从规划到建设周期较长，当时全球集成电路发展速度非常快，包括加工价格、圆片价格都有很大变化，所以与市场脱节较大。工程建成后，公司经营相对困难。"

多位产业人强调，908工程单从经济投资上看并不成功，但从整体社会效益来看，是成功的。"因为在项目建设过程中，培养了大批人才，像后来在上海实施909工程，很多是原来华晶的人才。我们觉得华晶就像黄埔军校，将人才输送到行业各个地方。908项目资产，后来也成为华润微起始的一块核心资产。"2002年，华晶融入华润集团，华润微正式成立。

此后，无锡集成电路产业几经沉淀，经历过发展放缓，但始终位居第一梯队。

位于滨湖区的无锡国家集成电路设计中心

依太湖而"立"的设计中心

华晶给无锡集成电路产业近 10 年发展留下的"无形财富"，主要体现在人才积累和产业集聚效应。

"滨湖区是原来 908 工程的所在地。"吴国屹表示，华润微目前的"老厂"正位于此地。

"滨湖区可以说是中国最早发展半导体集成电路的地区之一，"翁明明说道，"当年华晶的发展就是在这个区域。"他提及，目前从华晶出来的很多人依旧从事集成电路行业，"其中也有许多从事集成电路设计业的，滨湖区有较强的集成电路设计水平这一特点与此也有一定关系。"

滨湖区的设计特色还源于其独特的地理位置。该区位于无锡市西南部，依太湖而立，紧靠蠡湖。出于风景区的环保政策要求，近年滨湖区更聚焦设计环节，不仅建立了无锡国家集成电路设计中心，还集聚起一批较为成熟的设计企业，包括江苏卓胜微电子股份有限公司、中科芯集成电路有限公司等。

"中心从 2013 年底投入使用，建造之初是以集成电路设计为核心的科技型园区定位。"无锡国家集成电路设计中心主任陈浩说道，"园区至今有超 150 家企业，大部分是集成电路设计类企业。园区定位因地理环境制约，而设计企业轻资产，主要投入为人力和研发成本，写字楼就能满足企业要求。"

规模方面，陈浩表示，整个园区企业产值 2021 年达到 65 亿元，2022 年超过 80 亿元。"近几年，尤其是 2018 年后，园区从企业数量到产值规模年均增长率超过 20%，企业种类在不断完善。"他说道。

魏少军认为，生态环境是无锡吸引集成电路产业人才的一个重要因素。而滨湖区很好地体现了这一点。

"从自然环境来说，这是非常好的办公地点。从这栋楼的 22 层看出去，对面就是无锡著名的蠡湖风景区。"中科芯副总经理明雪飞说道。目前，中科芯主要从事 CPU 等高性能处理计算芯片设计。"这些年国家对集成电路产业非常重视，无论在地方、国家层面都有很多政策，包括无锡的太湖人才计划、江苏省的'333 人才'培养计划。滨湖区的办公条件也吸引了很多人才。"

无锡这座城市既有集成电路的设计，还有掩模（MASK）、制造，以及后续的封装和测试。明雪飞表示："无锡整个产业链条非常完整，可以说其他城市没有这么全的产业链条，因此这边的人才综合素质会比较全面。集成电路又是一个分工很具体、互相之间联系很密切的行业，所以这是无锡在人才方面的一个优势。"

"同时，因为产业链条的完整性，地方政府包括科技局、工信局等相关领导在制定集成电路政策的时候，会比较务实，比较符合企业的需要。不管是做设计的企业，还是做封装或测试的，都能在无锡这座城市找到适合的引导政策。"除了完整的产业链和政策扶持优势，近年滨湖区乃至无锡产业整体发展还得益于区位优势。明雪飞认为："长三角是中国集成电路产业最发达的区域，无锡位于相对比较居中的位置，交通便利，去长三角任一城市都比较方便。"他表示，这在集成电路设计领域尤其重要。

作为产业链中最终的甲方，设计企业需要寻找制造、掩模、封装等公司，"很难想象我们穿越大半个中国去谈业务，但无锡很便利，我们可能花一个小时就可以到加工厂，可以去谈合同。产品出了什么问题，工程师可能当天就可以往返、解决这个问题，所以区位优势是一个很好的便利条件。"明雪飞说道。

制造与设计："花开两朵，各表一枝"

在设计方面，与滨湖区齐名的还有无锡高新区。

"高新区制造板块比较集中，设计板块也不错，有芯朋微、力芯微等上市公司。"芯谋市场信息咨询有限公司总经理景昕说道。

无锡高新区位于无锡市东南部，西接滨湖区，制造业工厂林立，其中包括SK海力士、华虹、华润微等龙头制造企业的大型工厂。作为产业重点集聚区，该地区集中了无锡近80%集成电路企业和70%产出。

走进园区时可以发现，位于高新区的华润微厂区坐拥不少大型制造设备，而位于滨湖区的厂区稍显老旧、多为办公楼。"滨湖区的是老厂，高新区则是新厂，公司后来的 8 英寸生产线、华润安盛的封装生产线也都在高新区。"吴国屹说，"从产品设计到掩模板的制造，从晶圆代工到封装测试，在整个华晶到华润微的发展过程中，实际上都有布局。正是这些布局造就了目前华润微的整体业务结构，主要分为产品板块和制造板块两大板块。"

他表示，公司近 10 年发展，也离不开公司的重点项目推进。2008 年投产的 8 英寸生产线项目、2017 年收购重庆中航微电子、2020 年登陆科创板均推动了华润微稳步前进。"未来，公司还会聚焦功率半导体跟智能传感器，继续以 IDM（垂直整合制造）全产业链模式为核心，打造一个国内 IDM 龙头。"

除了龙头企业引领，高新区集成电路产业相关基地接连涌现，产业集聚效应更加明显。

"较早的有国家集成电路设计（无锡）产业化基地、国家微电子高新技术产业基地。2018 年还评下来了国家'芯火'双创基地。"无锡市半导体行业协会副秘书长陈立明介绍道，"其他还有园区企业'华进半导体'组建的国家集成电路特色工艺及封装测试创新中心，以及 2020 年获批商务部国家集成电路外贸转型升级基地。"2012 年，在国家重大专项办公室和无锡市政府支持下成立了华进半导体封装先导技术研发中心有限公司（简称华进半导体），是由中科院微电子所联合长电科技、通富微电、华天科技、深南电路等行业龙头企业共同组建的一家企业化运作的研发中心。

陈立明表示，前述集成电路产业基地同样担负着推动中国集成电路产业发展的重任。

高新区的发展可以说是无锡集成电路产业发展的一个重要缩影。

"过去 10 年，我认为无锡最有特点的一个地方是它的产业聚集效应非常强。"吴国屹说道，"你可以看到无锡这个地方虽然不大，但是聚集了上下游企业，形成了成熟的产业生态。一方面得益于我们以前华晶的产业基础，包括对于人才的培养，另外一方面华润微凭借技术优势服务了很多设计公司，支持其快速成长。当然，近年无锡（高新区）又引进了华虹或是海力士以制造为主的一些企业，对于产品、公司的支撑力度会更强。"

一流的封测业：另一面"旗帜"

从上游的芯片设计到中游的晶圆制造，无锡下游的封测业也不容小觑，可谓是其集成电路产业中的另一面"旗帜"。

在无锡县级市江阴，以江苏长电科技股份有限公司（下称长电科技）为龙头企业带领的封测业跻身全国一流。

"目前，我们正在规划建设集成电路产业园。"江阴高新区工业科科长许海晨表示，高新区内现有全球第三大封测企业长电科技及盛合晶微半导体（江阴）有限公司、江阴新杰科技有限公司等集成电路企业。不少集成电路企业与长电科技渊源颇深，其中不乏为长电科技做配套的企业，也有从长电科技走出来、自主创立的企业。例如专注封测设计的天芯电子，正由多位长电科技老员工创立。

长电科技原CEO王新潮与公司相伴30余年，是带领长电科技走向世界的标志性人物。1999年，34岁的王新潮临危受命进入长电科技前身江阴晶体管厂，引领公司一步步走向全球封测领先企业。2003年，长电科技在上交所挂牌上市，成为中国首家半导体封装上市公司。

"我进入长电科技工作的时候，公司刚上市没多久，还是以传统、中低端的封装多一点，"天芯电子工程主管王春华说道，"当时最新的封装技术来自长电先进，这是长电科技上市后与新加坡一家公司合资成立的新公司。其中，由新加坡公司提供技术专利。"王春华在集成电路产业从业 17 年，在长电科技工作经历约 8 年。他表示，当时王新潮带领公司一直想往更高阶的封测技术发展。

2015 年，长电科技引入中芯国际、大基金等资本力量，以 7.8 亿美元完成了对全球第四大芯片封测厂商星科金朋的"蛇吞象"收购。这场收购极大拉升了长电科技的技术水平，推动其走向世界。两年后，长电科技位列全球封装测试企业第三名，并保持至今。随着新资本注入后，新潮集团逐步退出长电科技，转向投资领域。

2020 年，江阴市人民政府、中国科学院微电子研究所、江阴高新技术产业开发管委会、江苏新潮创新投资集团有限公司等投资建设江阴集成电路设计创新中心。据中心科研管理张岩介绍，目前有十余家集成电路企业入驻，

位于江阴的封测龙头企业长电科技

一半以上企业专注芯片设计。"江阴集成电路还是以封测为主，现在逐步向两头延伸：一头是集成电路设计，另一头是智能装备。"许海晨说道。

对于近 10 年发展，一位江阴政府人士评价道，"江阴集成电路产业发展迎来了一个比较好的时期。国家与地方重视，资本也愿意往这个方向投，是遇到了一个黄金时期"。

前述人士表示，"无锡在集成电路领域的发展目标比较明确，行动也比较坚定。从规划纲要到相关产业政策的出台，以及每年举办的集成电路招商活动，无锡集成电路产业的发展目标是非常明确的。加上主要领导也非常重视，举全市之力，亲自招商引商，使无锡集成电路产业形成了一个较好的发展氛围"。

集成电路：多年沉淀到"遍地开花"

不少产业人提及，近年无锡集成电路产业发展逐渐完备，呈现"遍地开花"的景象。从西南部滨湖区到东南部高新区，再到北侧江阴、南侧宜兴等地，均在产业链中形成特色。

"差异化"是魏少军教授在展望无锡集成电路产业未来发展所提出的关键词。"全国很多地方都在发展半导体、发展集成电路。问题在于，我们无锡能不能抓住现在已有的优势和机会，做到更差异化，我觉得这是很重要的一点。"

魏少军评价，无锡是全国少有的、具有完整集成电路产业链的城市，涵盖芯片设计、晶圆制造、封装测试、配套材料和支撑服务等领域。

过往 10 年间，无锡以重大项目为牵引，"产业强市"战略为引领，率先实施链长制，将集成电路重点产业链与市领导挂钩，并不断发扬地域优势。

回顾无锡整个集成电路产业 10 年发展，"产业集聚""扎实""稳步前进""百花齐放"是前述不少产业人给出的凝练回答。"其实做集成电路，还是需要人沉下心来去长时间钻研一些事情的。"并非在无锡土生土长的产业人明雪飞在采访中，也多次提及无锡产业人务实的一面。

集成电路产业也可以说是无锡制造业发展中浓墨重彩的"缩影"。"芯火"正如蠡湖之光，在这座"太湖明珠"生生不息，熠熠生辉。

2012 年至 2021 年，无锡规上工业总产值从当初的 14499.7 亿元，到实现首破 2 万亿大关，达到 21376.4 亿元。2021 年，无锡人均 GDP 保持全国大中城市首位。其中，制造业增加值占 GDP 比重达 41.6%，千亿级产业集群增至 10 个。在 2022 中国制造业企业 500 强榜单中，无锡就有 25 家企业入围，占到江苏省入围数（58 家）的 43.1%，位列全省第一。

2022 年，无锡提出构建"465"现代产业体系，做大做强物联网、集成电路、生物医药、软件与信息技术服务 4 大地标产业，发展壮大高端装备、高端纺织服装、节能环保、新材料、新能源、汽车及零部件 6 大优势产业，加快培育人工智能、量子科技、第三代半导体、氢能和储能、深海装备 5 个未来产业。

无锡作为制造业重镇名副其实，其中离不开政策的大力引导、产业人的深耕精神，以及这座城市欣欣向荣的制造业氛围。一位年纪约在 40 岁左右的出租车师傅谈及，他儿时就在家附近纺织厂门口玩耍、长大。谈及无锡的制造业分布，他熟稔于心、侃侃而谈，脸上带有自信。

（王蕙蓉　文）

无锡手记：

无锡为何能在集成电路产业领域独树一帜

无锡当地有名的小吃均以这座城市"冠名"，譬如无锡小笼包、无锡排骨、无锡船菜。依山傍水的地理位置赋予这片水乡秀丽的自然风光，从太湖到蠡湖，从拈花湾到鼋头渚，无锡风景四季变换，令人流连忘返。

然而，与软实力同样不容小觑的，是无锡的硬实力。在制造业领域，这座看似温婉的城市展露出硬核的一面。仅是 2022 年全国制造业企业 500 强榜单中，无锡就有 25 家企业入围，近乎占到江苏全省的"半壁江山"。

近几年，无锡的集成电路产业实力始终保持在全国第一梯队。2021 年，无锡集成电路产业规模超 1700 亿元，位居全国第二。据相关产业人介绍，其实在早期（上世纪 70、80 年代），无锡集成电路产业就已在全国数一数二。中国首条成套集成电路引进线正是 1978 年由国营江南无线电器材厂建设。

后来，国营江南无线电器材厂几经合并更名，从"江南无线电器材厂"、"华晶"到如今的"华润微电子"。江南无线电器材厂的发展历程，正如近二十年无锡集成电路产业的发展，虽几经沉浮，却依旧稳居全国第一梯队。这些也都是这座城市"硬核"制造业的缩影。

无锡为何能在集成电路产业中"独树一帜"？

一座城的发展离不开过往的积累，产业也是如此。无锡半导体协会副秘书长陈立明曾说："无锡集成电路产业最大的特点在于各个环节都有，能形成一个小而美的循环。现在的企业规模都不是特别巨大，但因为这么多年的历史积累，在产业（不同）环节上，都有一个细分的、相互交互形成的产业生态，这在全国可能是少有的。无锡在产业融合度和产业生态环境应该是比较特别的一个城市。"

在采访无锡芯朋微电子股份有限公司（下称芯朋微）董事长张立新时，陈立明坐在我同侧，一同倾听着无锡集成电路早期的产业故事以及芯朋微的发展历程。对于当地集成电路企业发展，协会关心，对于集成电路产业故事，每一位产业人也关心。

无锡不仅是集成电路产业集聚地之一，也是集成电路产业人的集聚地，许多产业人在此"耕耘"多年。

翁明明是中国半导体行业协会集成电路分会、江苏省半导体行业协会办公室副主任，在他的案头上，堆满了各种集成电路相关的书籍，其中不乏其他城市集成电路发展的书籍。"我相信未来无锡的集成电路产业会更好、更高质量地发展，肯定还会有这样的传承，走向更高的一个台阶。"他说道。

集成电路设计企业中科芯副总经理明雪飞还提及，"无锡的不同之处可能在于它不像一线城市，作为二线城市，相对来说用人成本、生活成本都比较低一些。劣势在于这里可能不像一线城市人均薪酬那么高，优势是生活成本相对较低，特别是无锡房价相对周边城市比较友好，所以挺适合很多人在这儿长时间很安心地去做一件事情"。

"不浮躁"是明雪飞对无锡孵化出的一些集成电路企业氛围的感受。"扎实""务实""稳步前进"也是不少产业人对近10年无锡集成电路产业发展的深刻体会。"务实""芯"火相传的产业人精神是无锡集成电路产业氛围的浓厚底蕴，长三角"几何中心"的地理位置也为无锡这座城市的产业发展与融合带来了更多机遇。

（王蕙蓉 文）

南通 从轻纺之都
到长三角北翼
高端制造基地

沪苏通长江公铁大桥

    66 天地之大德曰生"。1895 年，中国近代实业家、江苏南通人张謇创

办大生纱厂，开启了南通近代工业文明。

百年激荡，南通制造从无到有，由弱变强。近 10 年来，南通制造更是开始蝶变，历史悠久的"轻纺之都"，正加速向长三角北翼高端制造基地转型。

2012—2021 年，南通市高新技术企业从 390 家增长到 2370 家，上市公司从 22 家增长到 53 家（含港交所 7 家），形成了新一代信息技术、高端纺织、新材料、船舶海工、高端装备五大重点产业集群。

这座城市的制造业经历了怎样的蜕变？制造业企业又是如何与城市一同奔驰的？

中国家纺看南通：利用物联网向全链条智能化升级

在南通海门县（现海门区）三星镇和南通县（现通州区）川港镇（现川姜镇）的界河上，曾经有一座小石桥，被当地人称之为"叠石桥"。

上世纪五六十年代，陆续有农户开始在叠石桥附近摆摊，出售农副产品，逐渐形成小型集散地。人来人往，在这里交易的商品，也从肉菜禽蛋，逐渐扩展到自家的刺绣、蓝印花布、枕头、被罩等。

1970 年，叠石桥被拆除，筑成泥坝，市场却更加活跃。多年后，这里已成为闻名海内外的家纺集散地——中国叠石桥国际家纺城。

罗莱生活的智能绣花车间，绣花机高速运转，细密的针脚绣下精美的图样。

纺织业是南通早年最具识别度的支柱产业之一。2021 年，南通市共有规模以上纺织企业 1000 余家，从业人员超 65 万人，各类企业和工商户约 8.5 万户。

作为分支的南通家纺业更是在近年打响品牌。

"世界家纺看中国，中国家纺看南通。"经过 40 余年的发展，家纺成为南通的城市名片。2021 年，叠石桥和志浩两大家纺市场成交额超 2300 亿元，在全国床品市场占有率远超半壁江山。目前，南通市已聚集了罗莱生活、紫罗兰、江苏金太阳等多家知名家纺企业。

南通家纺打响品牌的背后，是这一行业在当地的持续升级蜕变。

在罗莱生活的智能绣花车间，数台绣花机高速运转，细密的针脚绣下精美的图样。罗莱生活是行业内首次实现绣花自动调面技术并投入规模生产的企业。

车间上方悬挂着生产管理看板，显示着产品工单进度、断线次数、机器状态、机器稼动率等。绣花设备花型通过物联网控制中心无线传输，控制系统对机台生产进度和断线率等生产数据进行实时收集与处理。

这个车间拥有 120 余台自动化、智能化绣花设备，年产绣花针迹约 2640 亿针。罗莱生活企管经理余寅表示，这些设备的系统集成是罗莱生活自己完成的。通过智能化改造的车间，能节约 50% 的人工，产能提升 30%—40%。

"罗莱自 2015 年起试水智能制造，每年投入资金 3000 多万元用于智能设备引进和技术改造。"余寅表示。

这也是南通家纺业进化的一个缩影。

20 世纪 90 年代初，罗莱创始人薛伟斌、薛伟成两兄弟决心到南通办企业，从散卖床罩枕套转变为公司化经营。2000 年，薛伟斌在南通主持生产经营，薛伟成则带着研发团队进军上海。到了 2004 年，罗莱成为了出库销售额第一的家纺企业，从此领跑行业。

2022 年，罗莱开始建设占地近 800 亩的"智慧产业园"。"新产业园建成后，如果能实现计划的智能化水平，将完成从生产制造智能化向全链条智能化升级。"余寅说。

南通大学张謇研究院院长钱荣贵表示："10 年前，南通的制造业还相对偏传统，主要是家纺、钢丝绳、化工、造船、造纸、电子产品等。随着时代的进步，钢丝绳、造纸、化工类企业逐步关停或转型，而家纺、造船、电子产品等在智能化升级中得到进一步发展。"

2022 年年初，南通发布了《制造业智能化改造和数字化转型三年行动计划（2022—2024 年）》（下称《行动计划》），为南通加快建成长三角北翼高端制造基地提供支撑。

《行动计划》指出，到 2024 年，全市 5700 家左右规上工业企业"智改数转"全覆盖，新上项目应用智能化和数字化生产管理体系全覆盖。重点企业关键工序数控化率达 65%，经营管理数字化普及率超过 82%，数字化研发设计工具普及率接近 92%。

储能十年磨一剑：从纺织轻工到新兴产业集群

家纺只是南通制造的一面。

南通滨江临海，十多年前，由于缺少大桥、大港，与上海、苏南隔江相望、仅靠渡轮往返。"南通难通",客观环境的限制使江海的优势难以充分体现出来。近十年,随着长江经济带发展战略、长三角一体化发展战略的实施,苏通大桥、崇启大桥、沪苏通大桥建成通车,南通开启了追江赶海、通江达海、腾江越海的时代逐梦之旅。

过去十年间,南通的制造业从以传统纺织轻工产业为主,逐步建成"3+3+N"产业体系,即船舶海工、高端纺织、电子信息等3大重点支柱产业,智能装备、新材料、新能源及新能源汽车等3大重点新兴产业,N个符合产业发展导向、有利于发挥自身优势的产业。

"张謇先生的不惧艰辛、开拓创新精神在南通人身上再一次得到激扬。近十年来,南通的产业发展脉络表现为向高端化转型、数字化变革、绿色化提升的变化。"钱荣贵说。

进入"十四五",南通进一步聚焦集群建设,产业结构优化调整为"5+3+3"的发展布局(船舶海工、高端纺织、新材料、新一代信息技术、高端装备5大重点产业集群,生物医药、新能源、节能环保等3个战略性新兴产业,5G、物联网和第三代半导体3个未来产业)。

从资源禀赋看,南通沿海风能分布集中稳定,有着较为优越的海域地质条件,风电项目每千瓦工程造价较东海、南海低2000元左右;同时,还拥有港口和航道资源。

在这样的条件下,南通储能产业起步也较早,集聚了中天科技集团(下称中天科技)、沃太能源股份有限公司(下称沃太能源)等一批有影响力的企业,形成了较为完整的产业链。

2012年,留德归国的袁宏亮通过"江海引才"计划被引入南通发展,带着技术、资金和团队来到通州高新区，瞄准光伏和储能系统赛道创办了沃太能源。

创业前袁宏亮曾在西门子、福能集团等能源企业任职，正值壮年的他意气风发。"新能源发展越快，对于电网的冲击越大，波动性间歇性和不可预见性会越严重，所以一定需要储能。分布式发电和分布式储能的结合会成为稳定的电力来源。"袁宏亮这样说道。

作为国内首个研发、生产并销售户用储能系统的企业，需要原创性攻克储能云平台及能源管理系统 EMS、锂电池管理系统 BMS 等核心技术。

经过两年的技术储备，2014 年，沃太能源推出第一套户用储能系统一体机。2016 年，诞生了结构更小、装配更方便的二代产品。2017 年，沃太能源推出的三代产品实现将大部分功能集成到手机 App 上，自主监测每天家庭发电用电情况，并且持续在加大研发投入力度，在不断创新中提升产品竞争力。

这 10 年，沃太能源摸爬滚打，从只有 3 人的小团队到获得包括亿纬锂能、高瓴资本、淡马锡等多家战投和产业资本的投资，产品也从第一套小型储能一体机到实现全功率段储能系统产品的覆盖，业务也已扩展至 80 多个国家和地区。

在沃太能源成立的同一年，南通市最大的先进制造企业中天科技，成立了中天光伏技术、中天光伏材料、中天储能科技（下称中天储能）等子公司，正式进军储能业务。

中天储能依托中天科技的资源优势，建设了国内先进的锂离子电池研发中心。在高性能锂电池领域持续深耕细作，现已发展为高性能锂电池制造领域的领跑者。

沃太能源的自动产线（沃太能源供图）

2021 年，国家"双高"限电背景下，中天科技提出建设"共享储能"方案，利用如东风光绿能，以自建、租用或购买等形式配置储能，共享储能，"一站多用"。

近年来，以如东、启东等地为代表的南通风电产业，从"无中生有"到发展壮大，从小有名气到蓬勃崛起，与此同时，储能产业迎来了"东风"。截至目前，南通重点储能企业约 20 家，包括储能电池（电池组）、零部件制造（正负极）、电池隔膜、电解液等企业，为新能源发电侧配套及用户侧的消纳提供支持，2021 年储能产业产值超 200 亿元。

新材料、高端装备："拆""改"中挑战世界顶尖技术

除了高端纺织、新能源及储能产业，南通也将新材料、高端装备等作为主导产业进行大力培育，并列入"十四五"重点打造的产业集群。

这两个板块的技术发展，都需要长时间的积累。中天科技的光纤预制棒和南通振康机械有限公司（下称南通振康）的 RV 减速机等，就走出"引进吸收再创新"之路，结束了受制于人的困局。

光纤预制棒是生产光纤、制造光缆最重要的基础材料，被誉为光通信产业"皇冠上的明珠"。但这颗"明珠"一度被美国、日本等国的少数几家巨头垄断。

2007 年，由沈一春博士带队的 8 人小组，受中天科技董事长薛济萍所托，远赴日本求学，用 1 年左右的时间掌握了预制棒制造的 20 多道复杂工序，总结了 156 项标准化作业流程。

团队学成归国之后，精密材料公司也紧锣密鼓地筹备。2010 年 9 月 18 日，成功生产出第一根预制棒，当年产能达到 30 吨。中天科技每年将销售收入的 10% 投入研发，最终拿下预制棒制造全套的自主知识产权，实现了所有生产设备的自主化。

在鼓励技术创新和尊重人才方面，中天科技总经理陆伟说："中天独创建立了知识产权银行，用于每一位员工在日常工作中对创新技术研发等方面的提案，经过技术委员会进行审核评比并积分，每年度可以兑现奖金，通过这种方式奖励创新。"

从最初的乡镇砖瓦厂，到集通信、电网、海洋、新能源和新材料等多元产业格局的集团企业，中天科技集团近十年来，发展迅速，营收从 100 多亿元增加到超 800 亿元。

作为工业机器人三大核心零部件之一，RV 减速机大部分市场份额则长期被纳博特斯克、住友重机、Spinea 等外资企业占据。近年来，众多国产 RV

南通振康的焊接机器人（南通振康供图）

减速机企业正在崛起，南通振康就是其中之一。

1993年，南通振康创始人汤子康"下海"，要做严重依赖日本进口的CO_2电焊机的核心部件送丝机。年近古稀的汤子康回忆当时情景时说："学了技术有饭吃，我就是要做别人不能做、不敢做的事情。"

汤子康带着技术团队对送丝机的核心部件印刷电机进行了数以千计的开发实验，攻克了数百个技术难关。最终，南通振康研发出来的印刷电机使用寿命提高到4000小时，高出日本同类产品的一倍，而价格仅有其一半，逼得一度垄断市场的日本产品退出中国市场。

送丝机成功后，汤子康将目光投向了机器人核心零部件之一的RV减速机。汤子康发现，国外高端焊接领域已经开始使用焊接机器人，随着中国人口红利减弱、制造业升级，机器换人也在加速。"占据当时机器人造价成本45%的核心零部件RV减速机，依然受制于日本，而日本两家减速机制造商占全世界约80%的份额。"汤子康回忆道。

振康引进和改造自动化精密机械加工设备，联合高等科研院所，开展产学研联合研制攻关。一钻研就是三四年，振康的RV减速机终于研制成功，2013年正式投放市场，打破了日本产品长达35年"一统天下"的局面，使其在中国的销售价格从每套1.2万元降到6000元。2015年振康的RV减速机开始较大规模推向市场。近年又加大系列产品的开发，已经完成了 500 公斤以下机器人使用的 RV 减速机共 18 个产品。

南通振康办公室主任胡天成表示，这些年，每年公司将老产品印刷电机、送丝机销售收入的百分之五六十都投入 RV 减速机的研发销售。

胡天成介绍，为证明产品的耐用性和精度，也为客户的工业机器人提供更好的产品解决方案，振康联合专业从事机器人大脑研发的固高科技股份有限公司，先后开发出多款机器人。

"做一分，便是一分；做一寸，便是一寸"

南通人文荟萃、靠江沿海，但由于与上海和苏州之间有长江天堑阻隔，交通掣肘，加之传统产业偏多，大多为劳动密集型企业。改革开放以来，一段时间内未能完全发挥这座城市的势能。

2008 年苏通大桥通车后，南通经济步入快车道。2011 年，再进一步，崇启大桥顺利通车。2020 年 7 月，备受瞩目的沪苏通长江公铁大桥正式建成，沪苏通铁路同步通车，南通与上海迎来"强链接"。同年，作为上海国际航空枢纽重要组成部分的南通新机场选址正式获批，加之通航近 30 年的南通兴东国际机场，南通正式迈向"双机场时代"。

与之相伴的是，近十年，南通的制造业产业，渐呈燎原之势。除了家纺、新能源储能等，南通的船舶海洋工程、集成电路也形成了较为完整的产业链。南通突出创新转型，持续追赶超越，如鱼得水、如鸟归林的创新生态加速构建，天鲲号（上海振华重工启东公司）、全国首艘极地探险邮轮（招商重工海门基地）等大国重器相继交付，中远船务海工研发项目、通富微电先进封测项目先后荣获国家科学技术进步一等奖……

产业结构不断优化、经济活跃度不断提高，推动南通在十年间连续跨越7个千亿级台阶，2020年，南通GDP成功破万亿，2021年达到11027亿元，南通迎来高质量发展的高光时刻。

2020年11月，习近平总书记在江苏南通考察调研时说，张謇意识到落后必然挨打、实业才能救国，积极引进先进技术和经营理念，提倡实干兴邦，起而行之，兴办了一系列实业、教育、医疗、社会公益事业，帮助群众，造福乡梓，是中国民族企业家的楷模。

在南通振康的一间办公室，墙上挂着一幅字帖，上面写着张謇先生的经典语句："天之生人也，与草木无异。若遗留一二有用事业，与草木同生，即不与草木同腐朽。"这便是这座城市的气质——实业报国，"做一分，便是一分；做一寸，便是一寸"。

（彭艳秋 文）

南通手记：

追江赶海的黑马之城

南通有众多标签，其中最为人所知的标签，恐怕就是"中国近代第一城"。清末状元、中国近代实业家张謇在南通创办了中国第一所师范学校、第一座公共博物苑、第一所戏剧学校、第一所中国人办的盲哑学校……

正如张謇所言："天之生人也，与草木无异。若遗留一二有用事业，与草木同生，即不与草木同腐。"他所遗留的众多有用事业在今天依然在传承中发展。他秉持"做一分便是一分"的信念，为南通发展搭好了工业、农业、教育、慈善、城建、交通等的发展框架，丰富了南通的精神动力和人文滋养。

当地企业家对张謇所创业绩及其精神耳熟能详。"这些企业家们在张謇先生的精神激励下，一直发扬'敢为人先、包容会通'的南通精神干事创业，拼搏进取、开拓创新，取得了突出的成绩。"南通大学张謇研究院院长钱荣贵这样说。

此次在南通的调研，有两点让人印象深刻。

其一是，南通尊重企业家、尊重创新的氛围。

2016年，南通确定每年5月23日为"南通企业家日"，每年召开民营经济或民营企业相关会议，开展"张謇杯"杰出企业家、杰出通商或优秀企业等评选表彰活动。近年来，获评企业家所在企业95%以上都迈入"冠军"企业、"小巨人"企业或"预备役"行列。

事实上，这种氛围，在此之前，就已经形成。

沃太能源的创始人袁宏亮就是通过"江海引才"计划到南通发展的。据他介绍，创业这十年，基本拿遍了省市区各级的人才和科技补贴，这些支持对于创业型企业来说，不是"锦上添花"，而是在初创阶段"雪中送炭"，解决了资金周转难的燃眉之急，守住了按时给员工发工资的底线。

近期，沃太能源总部大楼迎来综合楼主体结构的封顶。经济下行却逆势扩张业务，沃太能源的高速发展离不开南通政府的大力支持。"区里的政府是下了大决心的。他看中我们未来的同时，更看重我们在这里生根发芽成长了10年。政府信任我们，我们也信任政府，这才是良性的互利共赢。"袁宏亮感慨道，"我们何以为报？那就是把企业做好，在税收、就业方面，力争为当地做出更多的贡献。"即使有不少城市向沃太能源抛出橄榄枝，袁宏亮也从来没有动摇过，"不能南通栽树，其他城市乘凉，这也不符合我做人的原则"。

调研的其他几家企业，有类似的故事，不一而足。比如，中天科技的董事长薛济萍是"张謇杯"杰出企业家称号获得者，南通振康的创始人汤子康说振康在赚不到钱时，政府提供了支持助其渡过难关。

其二是，传统产业和新兴产业的创新、升级思路不同。

此次调研的企业，除了罗莱和紫罗兰是传统制造业升级外，其余的三家企业处于当前的热门赛道，涉及新能源＋储能、工业机器人及核心零部件、光纤通信等。在调研的过程中，不止一次听到企业家说"对大势有所判断，然后顺势而为"。他们对长期趋势的判断更多是依据国家的战略发展方向及产业的发展规律。

首先来看传统制造业升级。南通最鲜明的传统制造业就是纺织业。纺织业是富民产业，2021年，南通纺织业从业人员超65万人，各类企业和工商户约8.5万户，创造了大量就业岗位。

传统制造业企业智能化程度无法脱离企业自身的资金、规模等约束条件，这是一个老生常谈的话题。在政策层面，南通也在实践如何提供支持，目前进行的"智改数转"行动中，加大诊断服务力度就是其中一项重要任务：将免费为全市多家企业提供智能制造诊断和个性化解决方案，帮助企业打通"智改数转"过程中的堵点、难点和痛点。

对于家纺行业，其特殊性在于，高端化个性化的定制类产品，想实现大规模自动化，存在困难。另外，家纺的设备往往是从服装生产线改造过来。对于大部分散而小的家纺企业来说，对智能制造的投入兴趣较低，设备供应商市场空间狭窄，因此很少有供应商专门为家纺去定制智能化的设备，导致目前的设备都还需要从国外进口。如罗莱家纺一样，能够具备较全链条的自动化设备采购和集成能力的家纺企业，还是少数。

因此，政府在这个过程中，如何既不违背行业特性、企业发展阶段和规律，又能够尽可能地协助支持企业突破瓶颈，加快智能化改造和数字化转型，将是重要的需要实践总结的课题。

其次，在新兴产业方面，储能、新能源，也是南通近年发展的重点。这类企业，技术进化的过程，基本是由自己实现的，黑暗期相对更加漫长。而技术实现的路径也包括"消化再创新"和"纯原创"。

中国改革开放的经验告诉我们，对需要经年累月沉淀的制造业来说，模仿再超越，向先行者学习，不是可耻的事。而对于纯原创的技术，由于没有先例可以借鉴，一路艰险，因此城市的营商环境为企业保驾护航也就更显重要。

所幸，在南通，能够看到这样的政企良性互动与循环。城市中，还有更多更庞大的"热带雨林"式的制造业企业群体。对于制造业来说，处于稳定健全的制度、法律营造的良好营商环境中，信心和预期将更充分。

（彭艳秋 文）

昆山

敢闯敢试
开创两大千亿
产业集群，
能否裂变出
更多增长极

昆山开发区夏驾河科创走廊

在众多吴侬软语的江南水乡中，有这样一座"特殊"的县级市：地处上海与苏州交接处，水域面积超过 24%，素有"江南鱼米之乡"美称，也是"百戏之祖"昆曲的发源地，经济总量更是领跑中国县域城市，位居百强县之首。

这，正是昆山。

有人说，昆山很大，昆山也很小。尽管这座城市的总面积不足 1000 平方公里， 2022 年地区生产总值却高达 5006.7 亿元，成为全国首个 GDP 突破5000 亿元的县级市。

作为县域经济"火车头"，百强县市对中国县域经济高质量发展起着引领作用。昆山何以连续近 20 年蝉联百强县之首？究竟是什么支撑起了这座苏南县级市的经济实力？

"40年来，（昆山）从一个苏南的小个子，长成今天享誉全国的大个子，我们走了一条'昆山之路'。"一位昆山市级领导这样说道。

时至今日，在两个千亿级主导产业集群的支撑下，"昆山之路"也成为了一条县域经济发展的示范道路。

电子信息业：抢占"笔电"先机，发力"光电"赛道

2022年，昆山的两大千亿级产业集群，电子信息业实现了6015.46亿元的产值，同比增长7.4%，装备制造业实现了2896.41亿元的产值，同比增长2.0%。

电子信息业在昆山发展悠久，也曾历经波折。

上世纪八九十年代，老一代昆山人引入台资企业，决心从"拆"开始做笔记本电脑，为日后电子信息业的发展打下了树基。

彼时，昆山工业基础比较薄弱，人才资源相对短缺，这样一个县级市想要发展当时看来全球最领先的笔记本电脑产业，面临很大压力。没有基础，没有材料，没有人才，这是当时面临最大的困惑。

但老一代昆山人始终坚持，中国台湾信息产业向大陆转移的机遇不能错失。自1990年首家台资企业落户以来，昆山"以台引台""以商引商"，迅速成为台资聚集地，与台企并肩走出了一条具有昆山特色、时代特征的两岸融合发展之路。

"昆山电子产业发展有个关键节点，就是2000年成立了中国大陆第一个出口加工区，这个业态是从中国台湾地区学过来的。当时，台湾地区十大

笔记本电脑代工厂商已有六家落户昆山，奠定了昆山目前电子信息产业的基础。"一位业内人士回忆道。

在最初引进笔记本电脑代工厂商后，龙头效应很快带动将近70%的供应商落户昆山。

"尤其仁宝落户后，许多配套的大型塑胶件、铁件供应商，还有连接线、包装等供应商都跟着来了昆山，另有机板、PC板、电路板等几大产品也被带来昆山。"前述业内人士表示，这种"抱团"产生的经济效果非常好，昆山电子信息业正由上下游配套生产发展而来。

昆山由此成为全球最大的笔记本电脑生产基地。2009年，昆山笔记本电脑产量突破6500万台，占全球总量的50%。

值得注意的是，昆山早在笔电产业达到顶峰前，就未雨绸缪地开辟出了一条"光电"新赛道。

"原来世界上三台笔记本电脑有一台是昆山生产的，但我们的痛点是没有核心的一块屏幕。笔记本电脑很大的一个成本，就是显示屏的模组。当时领导想到了要做光电产业，实现屏幕的自给自足。"昆山光电产业园相关负责人讲述道。

在"缺芯少屏"到"芯屏双强"的征途上，昆山首先攻克下了"屏"。2004年，昆山开发区准确把握市场发展方向，集全区之力打造光电产业园，以解决国家"缺芯少屏"问题。

"2005年，龙腾光电正式落户光电产业园，成为国内第一批投建TFT-LCD生产线的高新技术企业，实现了昆山光电产业'从无到有'的新突破。"前述产业园负责人说道。

建园初期，从光电产业的原材料（玻璃基板、偏光片、彩色滤光片、工业气体等）、设备（曝光机、刻蚀机、贴片机等），到人才（中国台湾）、技术（面板制程技术等），几乎全部依赖进口。

"当初中国对显示屏技术没有一点话语权，因为它整个技术、产能全部来自境外。"龙腾光电行政副总经理殷琦表示，开发区的领导是非常有魄力、有担当的，"我记得那时开发区领导说，把整个笔记本电脑拆开来看，最大的核心零部件就是显示屏。因此昆山开发区政府做了很大的决策，决定先在光电产业园成立一家面板企业，作为中流砥柱带动上下游。"

随着龙腾光电落户，康佳电子为了更好地贴近面板产线，于 2008 年落户昆山，响应当时家电下乡政策，借助龙腾光电 5 代线产品，输出了一大批电视机。殷琦提及，曾是家庭"大件"的电视机，如今在性能、尺寸不断提升的同时，价格在走低，一台普通的 50 寸液晶显示电视机价格一度从数万元降至几千元。这印证面板企业做大做精做强，从追赶到"超车"，有了话语权，可以掌控显示产品的市场价格，更好地回馈广大消费者。

除了打通下游模组整机企业，上游原材料也成为昆山光电产业园的攻克重点之一。

玻璃基板是显示屏的重要原材料之一。龙腾光电成立之初使用的玻璃基板全部依赖于进口。"当时一片玻璃基板的价格大概是 50 到 70 美元，到后面我们也在思考如何让整个产品的成本有所下降。"殷琦表示。

美国康宁与日本旭硝子是全球大型的玻璃基板供应商。2010 年，旭硝子显示玻璃（昆山）有限公司 [现为艾杰旭显示玻璃（昆山）有限公司] 举行开工仪式，正式落户昆山光电产业园。

龙腾光电无尘车间（龙腾光电供图）

　　一边是国际上游材料厂商被引进，另一边国产光显材料也在崛起，昆山光电产业园集聚了旭硝子玻璃、东旭光电、奇美材料科技有限公司（现为恒美光电股份有限公司）等一批原材料领域项目。

　　2011年，龙腾光电率先使用昆山光电产业园落户企业所生产的国产玻璃基板。当时，国内面板企业的产线、技术、配套材料都已习惯于国外的玻璃基板，鲜少有企业敢于尝试，"国产玻璃基板一旦上了线，如果有问题，整个显示器就会出现品质问题，存在巨大的试错风险。"殷琦说。

　　但多年来，中国新型显示材料及核心设备较多依赖进口，长期处于被动状态。为尽快打通面板产业核心技术瓶颈，加速实现"面板大国"向"面板强国"的转变，龙腾光电以"敢为人先、敢闯敢试"的昆山精神，与国产供应商开展深度合作，不仅使用第一片国产玻璃基板，还使用了第一套国产光罩、第一颗国产液晶以及第一片国产偏光片。

　　如今，一片玻璃基板的平均市场价格已降至十几美元。

另一方面，自龙腾光电入驻光电产业园、上下游配套企业不断齐全的同时，光电产业园通过技术进口促转型，完成了"从一到三"的产业集聚，汇聚了龙腾光电、友达光电、维信诺三家面板龙头企业。

2009年，光电产业园引进中国台湾友达光电8.5代TFT-LCD生产项目（后变更为第6代LTPS低温多晶硅生产项目）；2012年，维信诺5.5代AMOLED生产项目落户。不到8年，昆山光电产业园成为同时掌握α-硅TFT-LCD、LTPS-TFT-LCD、AMOLED三类不同面板显示技术，并分别具备产业化能力的光电产业基地。

其中，除刚性面板以外，维信诺自主探索柔性屏，进一步拓宽面板的应用领域。

据维信诺昆山公司副总裁陈浩讲述，维信诺前身为1996年成立的清华大学OLED项目组，从项目组时期就立志把产学研结合、研究成果产业化。2006年落户昆山以来，建成了中国大陆第一条OLED生产线、第一条AMOLED中试线、第一条大规模5.5代AMOLED生产线。

陈浩提及，显示技术最早从CRT（显像管）开始，也就是人们印象中比较笨重，功耗也较大的显示器。再往下一代，LCD技术即液晶技术，实现轻薄化，带动整个新产业的发展。但OLED技术比LCD技术更轻薄，显示效果更上一层楼。尤其，OLED技术还具备可弯折的特性，可以做在柔性的衬底材料上面，所以其优势相对LCD来说，可以做到形态的多样化，例如折叠屏、动态卷曲屏等。

从完全引进的CRT，到引进再创新的LCD，再到自主创新的OLED，昆山的光显示产业走出了一条"昆山之路"。

"国内外在 OLED 技术研发上，起步阶段基本同时期。从量产层面看，最早韩国的 OLED 占了全球 90% 以上的份额，这两年已逐步下滑到百分之七八十。我们预判，随着国内 OLED 产线逐步释放产能，这一比例会进一步下滑。"陈浩说道。

从"人无我有"到"人有我精"，面板龙头企业同样走着"昆山之路"：维信诺近年首发全球首个屏下摄像技术、超高刷新率技术；龙腾光电自主研发全球首项动态隐私防窥技术，在高端商务防窥笔电面板市场市占率始终保持全球第一位。

近两年，昆山光电产业园又迎来多项进展。2022 年 2 月，友达光电集团加码 18 亿美元投资，用于扩充昆山友达光电第 6 代低温多晶硅液晶面板产能。2023 年开年，维信诺前期团队已奔赴国外为 5 月份的参展和招商做准备，届时将有 20 多项新技术在海外展出，以开拓海外市场。

截至 2022 年，昆山光电产业园已落户企业逾 40 家，产值达上千亿。

传统汽车及零部件产业转型升级，加码新能源领域

在电子信息业蓬勃发展、不断开拓赛道的同时，昆山的装备制造产业集群近年则形成了工程机械、通用设备、汽车零部件、智能制造装备四大特色行业。其中，智能装备、汽车零部件等优势产业不断创新升级，尤其随着中国新能源汽车的发展优势，昆山汽车及零部件产业迎来新机遇。

不少专家和业内人士均提及，虽然昆山没有"整车"，却占据了汽车制造的众多零部件领域。

其中一位业内人士表示，早期的昆山汽车及零部件产业虽没有客、轿及载重车型等整车制造企业，但拥有生产履带式起重机、挖掘机、自卸车及叉车等系列特种专用车辆的昆山三一重机有限公司、昆山三一机械有限公司、昆山专用汽车厂、丰田工业（昆山）有限公司、极东开发昆山机械有限公司等多家重点企业。"昆山同时又是各类汽车零部件企业相对集中的产业集聚地，2007 年被授予省级汽车零部件制造基地一个，拥有一批在国内乃至国际知名的企业及品牌。"

近年来，昆山紧抓上海非核心零部件产业外迁为契机，发挥"临沪第一站"优势，大力发展汽车零部件产业，形成了雄厚的传统汽车零部件产业基础。

目前，昆山汽车相关产业链主要涉及发动机、马达、轮胎、轮毂、内饰件、减震器、安全气囊、轴承、汽车线束、汽车电子、新能源电池、智能网联车等产品领域。其中，数量最多的是从事毛坯件、冲压件、模具铸锻的零配件企业，占比 35%，其次为从事底盘类（包括转向、制动、轮胎）制造企业、从事车身内外饰产品制造企业以及汽车电子产品生产企业，占比分别为 20%、17% 和 14%。

"全国每 5 只铝合金轮毂有 1 只产自昆山。"前述业内人士说道，昆山的六丰机械、盛旺、远轻铝业等企业年产铝合金轮毂超 1500 万只，占全国产能约 20%。同时，昆山已成为重要的轮胎生产基地，拥有正新橡胶、建大橡胶、固特异轮胎橡胶等企业。正新橡胶在国内市场占有率处于第二名，2020 年实现主营业务收入 44.4 亿元。

与此同时，随着全球汽车产业向新能源发展，昆山再次迎接新的机遇，加码新能源赛道。

"十四五"期间，汽车零部件行业在汽车行业增量红利消失的大背景下，行业分化逐步显现。对于传统零部件企业来说，前瞻布局新能源汽车领域、自主研发核心技术，显得尤为关键。

从新能源汽车方向来看，昆山目前聚集了新能源汽车关键零部件制造企业超100家，覆盖6大核心系统50多个种类，有从事固态锂电池产业化的清陶能源、国轩，有从事电机、电控制造的瑞驱电动、蔚隆电子，还有从事充电枪生产的惠禾新能源等。

其中，清陶（昆山）能源发展股份有限公司成立于2016年，由中科院院士、清华大学教授南策文团队领衔创办。作为全球固态锂电池产业化的领跑者，清陶能源率先建成投产了固态动力锂电池规模化量产线。

"当初选择在昆山落户，是因为昆山交通比较方便，离上海、苏州很近，同时营商环境特别好，这些年整个经济发展活力也比较足。此外，昆山的生活环境与便利性对高端人才也具有很好的吸引力。"清陶能源副总经理何泓材说道。

回顾公司的发展历程，何泓材坦言，公司在创立之初并未关注昆山的汽车产业链，但当时整个昆山的产业配套基础非常突出，整个地区对于创新、科创的氛围也非常好，可以给创业型企业提供相对宽松的发展环境。

他提及，刚开始创业的时候，公司团队预先想的是先实现固态锂电池产业化及其在数码电池、特种电源等领域的推广应用，经历一段时间的发展之后，再转向给新能源汽车做配套。"清陶能源在固态锂电池产业化的领跑态势以及昆山优秀的新能源汽车零部件产业基础吸引了车企对清陶能源的关注，基于传统动力电池的痛点，新能源汽车整个行业对固态锂电池的需求来得特别迫切而快速，直接推动了清陶能源与车企的合作进程。"

"我们首先是遇到了一个好的发展机遇。这些年无论是新能源汽车还是储能，整个市场、社会都发展到了迫切需求高安全新能源电池的一个阶段。"何泓材说道，"再加上这几年中国明确提出的'双碳'战略，其实很大程度上也需要借助于电池技术来推动。此外，昆山、江苏以及国家，对于自主可控的科创产业都非常支持，才有了公司过去几年快速发展的机会。"

在自主研发技术方面，清陶能源汇聚了一个优秀的人才团队，通过针对核心材料、关键工艺以及专用装备三位一体的攻关研发与创新，实现了固态锂电池的产业化。清陶能源推出的固态锂电池产品，解决了传统锂电池的安全问题，具有能量密度高、耐高温、长寿命、低成本等优点，已在新能源汽车、特种电源与储能等领域成功实现产业化应用。

清陶能源产线（清陶能源供图）

"固态锂电池具有更高的能量密度，就意味着同样重量或同样体积的电池，可以存储更多电量，可实现更长的汽车续航里程。反过来讲，具有同样续航里程的新能源汽车，如果使用的是固态锂电池，电池的重量更轻、体积更小，从而有助于整车的轻量化或节能降耗。"何泓材进一步解释道。

他表示，虽然电池只是新能源汽车的零部件，但其性能却直接决定了新能源汽车的动力与性能，其成本占到了新能源汽车整车成本的40%以上，是新能源汽车最核心、最重要且必不可少的组成部分。安全而高能的固态锂电池作为下一代新能源汽车动力电池，将是新能源汽车产业提档升级发展的关键所在。"昆山不造车，但作为下一代新能源汽车'心脏'的固态动力电池却是'昆山首创'。昆山的新能源产业未来可期。"

在自主研发与新能源转型方面，昆山沪光汽车电器股份有限公司同样蹚出了一条"昆山之路"。

目前，沪光股份主要从事汽车高低压线束的生产，是国内为数不多进入上汽大众、戴姆勒奔驰、通用汽车、奥迪汽车、理想汽车等全球整车制造厂商供应商体系的内资汽车线束厂商之一。"在难度和要求最高的整车线束领域，国内仅沪光股份有大规模配套经验。"一位业内人士说道。

早在1988年汽车尚未普及的时代，沪光股份现任董事长成三荣已察觉到汽车线束国产化的商机，从零起步，追赶外资，从一把剪刀、剥线钳开始，开启了公司线束业务的起点。从1997年昆山沪光有限公司成立，到2020年沪光股份成功上市，都是企业自身以及昆山汽车线束行业持续创新发展的缩影。

近年，沪光股份抢抓新能源汽车市场发展机遇，联合本土企业自主研发核心技术，逐步向高价值车型渗透。

"在线束方面，传统燃油车只会用到低压线束，新能源汽车会同时使用到高压线束。"成三荣表示，高压线束绝缘性能要求特别高，不然难以适用于汽车苛刻的工作环境，汽车高压线束普遍绝缘层都非常厚，是为了绝缘的同时考虑耐高温以及阻燃等问题。汽车低压线束恰好相反，但绝缘、耐高温以及阻燃问题同样需要考虑。

成三荣表示，公司自主研发的小平方铝线应用连接技术和线束发泡包覆技术，目前在国际上处于领先水平。这些技术已完成随项目搭载跑车验证，正在积极联合各汽车主机厂开展落地实施工作。

两大千亿经济引擎开辟新赛道，
未来是否会碰撞出新增长极？

自上世纪八九十年代起，电子信息业、装备制造业两大产业集群齐头并进，逐渐成为拉动昆山经济的两个重要增长极，并不断开辟出新赛道，形成更多新的经济增长点。

借助下一代新型显示技术，昆山又将目光投向元宇宙产业，探索电子信息产业新赛道。

作为 VR（虚拟现实）/AR（增强现实）显示设备的最佳技术路径，Mini/Micro LED 正成为备受瞩目的下一代新型显示技术。维信诺、龙腾光电等昆山当地龙头企业正是这类新型显示技术发展与应用的积极探索者。

与此同时，基于产业上下游配套优势、以服务型政府为特色的营商环境，以及昆山优越的地理位置，更多中小新型显示创新企业选择落户昆山。

昆山空景光子科技有限公司 2020 年落户昆山，主要产品为基于光子透明芯片显示技术 (NanoAR) 的透明显示幕，通过特定的光学结构来实现透明显示。

"这种新型的透明显示，和元宇宙的 AR 显示就有契合点，AR 显示既要透明，又要显示。"昆山空景光子科技有关负责人表示。

2022 年 7 月，上海发布《培育"元宇宙"新赛道行动方案（2022—2025）》。同年 11 月，昆山发布《昆山市元宇宙产业创新发展行动计划（2022—2025）》。2023 年 3 月，微软中国首个工业元宇宙应用中心项目落户昆山高新区。这是昆山全面学习上海、主动对接上海、积极服务上海、深度融入上海的最新实践。

"元宇宙是一个未来三维的、沉浸式互联网，"英国皇家工程院院士、香港科技大学元宇宙研究中心主任许彬表示，"我们希望它会变成下一代互联网，未来广泛应用到人们的衣食住行娱乐，成为在各方面都可以改善我们生活的一种科技。"

许彬认为，元宇宙可以分为两部分。一部分是由技术来产生元宇宙平台，包括 AR、VR、XR（扩展现实）等较顶层的技术，AR 和 VR 是进入元宇宙的"门"，同时需要 AI（人工智能）、计算机视觉算法、物联网、边缘计算、云计算等更底层的技术来支撑整个元宇宙；另一部分是元宇宙上的内容，需要一套保障创作者的虚拟经济体系，来鼓励用户在元宇宙创作内容，并考量很多社会因素，才可以发展一个可持续的元宇宙。

目前，昆山发展元宇宙的优势不仅在于新型显示技术。"昆山的电子设备与制造业具有多年历史，有丰富的经验和很好的产业链。无论是元宇宙的终端设备或其他计算设备，都需要电子设备零件的配合。"许彬表示，昆山还可以利用当地或周边旅游景点来尝试做文旅方面元宇宙概念的落地项目。

"所有事物包括元宇宙都需要发展、需要一步步落地。通过真正的应用落地、公司落地，以及政府落地的项目去推动，元宇宙才会长期继续发展。"许彬说道。

除了开辟元宇宙新赛道，昆山也在抢抓新能源汽车机遇，期望通过两大千亿级产业集群交叉融合，进一步探索新能源智能网联汽车等新兴产业。

有业内人士表示，虽然目前昆山智能网联相关技术企业数量较少，但昆山在电子信息产业优势明显，其中已有不少优质企业进军车载传感器、智能座舱等智能网联相关领域。"比如，泰科电子在汽车同轴摄像头连接器领域占据较大技术优势，友达光电的低温多晶硅显示面板也被广泛应用于智能网联汽车的智能座舱系统。扎实的企业基础和丰富的信息电子产品研发经验，为昆山进一步进军智能网联汽车产业、完善产业链各环节奠定了基础。"

上海社会科学院城市与人口发展研究所区域发展研究室主任、长三角与长江经济带研究中心秘书长宗传宏认为，昆山引进装备制造业，实际上是在电子信息产业的基础上，也就是电子信息业在前、汽车或者装备制造业相对来说大批量在后。在发展的过程中产生了电子信息与汽车产业相互渗透的现象，在横向方面形成产业跨界融合。"总的方向是汽车产业怎么通过电子信息化来智慧化汽车，还有一种是以电子信息业为主，怎么融入到汽车产业中。"

宗传宏表示，两大产业的跨界融合，不仅可以提高抗风险能力，也可以提升发展空间。"智能网联汽车平台是偏向于轻资产的汽车电子，都是技术性、创新性的，发展空间比较大，安全空间也比较大。"

（王蕙蓉 文）

昆山手记：

抢抓先机，敢闯敢试

回首昆山两大千亿级产业集群的形成，一边是昆山电子信息产业集群呈现出从笔电到智能终端、光电显示，再到智能穿戴、元宇宙等新兴产业的"树状"产业发展脉络；另一边，装备制造产业集群形成了四大特色行业，并在汽车优势产业不断创新升级中，进一步探索新能源智能网联汽车等新兴产业。

在开辟新赛道的征程中，昆山始终"未雨绸缪""抢抓先机"，在每一次产业快速发展时期大胆探索新领域、新赛道，助推一批批企业和项目落地，为千亿级产业集群不断"开枝散叶"，提供多元发展和多极支撑。而在漫长的发展道路中，"紧抓机遇""敢闯敢试""从无到有"始终是"昆山之路"的代名词，助力着这座城市领跑县域经济，敢为人先。

（王蕙蓉 文）

图书在版编目（CIP）数据

中国制造新时代进化论 / 孙扶 , 郑景昕主编 . -- 北
京 : 外文出版社 , 2023.11
（解码中国新时代 · 改革发展）
ISBN 978-7-119-13785-8

Ⅰ . ①中… Ⅱ . ①孙… ②郑… Ⅲ . ①制造工业 – 工
业发展 – 中国 Ⅳ . ① F426.4

中国国家版本馆 CIP 数据核字 (2023) 第 223288 号

出版指导 : 胡开敏

出版统筹 : 文 芳

文字撰稿 : 彭艳秋　王蕙蓉　侯嘉成　滕 晗

图片提供 : 视觉中国　彭艳秋　王蕙蓉　侯嘉成　等

责任编辑 : 蔡莉莉　祝晓涵

装帧设计 : 北京凤嬌图文设计工作室

印刷监制 : 章云天

中国制造新时代进化论

刘永钢　李智刚　总策划
孙 扶　郑景昕　主 编

© 2023 外文出版社有限责任公司
出 版 人 : 胡开敏
出版发行 : 外文出版社有限责任公司　　邮政编码 : 100037
地　　址 : 北京市西城区百万庄大街 24 号
网　　址 : http://www.flp.com.cn　　电子邮箱 : flp@cipg.org.cn
电　　话 : 008610-68320579（总编室）　　008610-68996167（编辑部）
　　　　　008610-68995852（发行部）　　008610-68996183（投稿电话）
印　　刷 : 北京盛通印刷股份有限公司
经　　销 : 新华书店 / 外文书店
开　　本 : 787mm×1092mm　　1/16　　印　张 : 9.75
版　　次 : 2023 年 11 月第 1 版第 1 次印刷
书　　号 : ISBN 978-7-119-13785-8
定　　价 : 68.00 元